中国地方政府预决算偏离及治理研究：预算监督视角

刘 媛/著

西南财经大学出版社

四川·成都

图书在版编目(CIP)数据

中国地方政府预决算偏离及治理研究:预算
监督视角/刘媛著.--成都:西南财经大学出版社,
2025.7.--ISBN 978-7-5504-6715-6

Ⅰ.F812.7

中国国家版本馆 CIP 数据核字第 2025SC8275 号

中国地方政府预决算偏离及治理研究:预算监督视角

ZHONGGUO DIFANG ZHENGFU YUJUESUAN PIANLI JI ZHILI YANJIU:YUSUAN JIANDU SHIJIAO

刘 媛 著

策划编辑:李玉斗
责任编辑:李 琼
责任校对:杨婧颖
封面设计:墨创文化
责任印制:朱曼丽

出版发行	西南财经大学出版社(四川省成都市光华村街 55 号)
网　　址	http://cbs.swufe.edu.cn
电子邮件	bookcj@swufe.edu.cn
邮政编码	610074
电　　话	028-87353785
照　　排	四川胜翔数码印务设计有限公司
印　　刷	四川煤田地质制图印务有限责任公司
成品尺寸	170 mm×240 mm
印　　张	11.25
字　　数	187 千字
版　　次	2025 年 7 月第 1 版
印　　次	2025 年 7 月第 1 次印刷
书　　号	ISBN 978-7-5504-6715-6
定　　价	68.00 元

前　言

　　财政是国家治理的基础和重要支柱。预算作为财政的核心，反映了政府活动的范围和方向，体现了国家权力机关和人民对政府活动的监督。政府预算能力代表着国家汲取和使用财政资源的能力，主要表现为能否通过总额控制、资源配置和有效率管理等实现公共预算的基本职能和目标，影响着国家治理体系和治理能力现代化的推进进程。其中，总额控制涉及政府从预算编制到决算完成的整个过程，旨在对预算和决算进行强制性的公开比较，体现了预算的约束效力和预算目标的实现程度，对加快建立现代预算制度具有重要意义。2008年的国际经济危机对世界各国政府宏观调控经济的能力都是极大的考验。财政作为重要的宏观调控手段，发挥着重要作用。为应对经济危机，地方政府纷纷采取各种手段筹集财政资金发展经济，不断突破既有的预算约束，造成政府预算与决算之间出现高位偏离。经济危机过后，这种偏离现象仍然较为突出，严重损害了财政预算的公信力和权威性，危及地方政府财政可持续发展能力。

　　党的十八大以来，党中央高度重视财政和经济工作，采取了一系列深化财政预算改革的举措，规范政府预算行为，强化预算约束力。党的十九大报告明确提出"建立全面规范透明、标准科学、约束有力的预算制度，全面实施绩效管理"。但地方政府作为理性经济人，具有追求效用最大化（谋求最大的预算自由裁量权）的动机，缺乏自发遵守预算约束的内在动力。因此，建立"约束有力"的预算制度，不仅需要增强地方政府自身的预算意识，更为重要的是构建强有力的预算监督制度。我国虽已建立涉及人民代表大会（以下简称"人大"）、审计、财政、社会公众等的多元化财政预算监督体系，但如此宽领域的预算监督制度，是否如预期一样，对地方政府预决算偏离行为起到了治理作用？治理机制是怎样的？各自又具有怎样的治理特征？可以从哪些方面进行强化？厘清不同监督制度背后的治理机制，识别不同监督制度对地方政府预决算偏离行为的治理特征，对构建全方位、全过程、宽领域、多维度的预算监督体系，提升地方政府的预算治理能力大有裨益。基于此，本书在剖析和总结新时代中国财政预算的多元化监督制度、财政预算管理体制的基础上，从预算法治、人大监督、审计监督、社会监督的维度来实证评估各制度设计的预算治理效应，探究中国财政预算多元化监督体系的治理机制和治理特征，以期为建立完善、约束有力的现代预算制度提供经验证据。本书遵循"理论研究（治理机制）→制度背景（特征事实）→实证研究（效应评估）→对策研究（治理建议）"的技术路线，运用实证分析等方法，主要从以下四个方面进行了研究：

第一，利用 2015 年开始施行修订后的《中华人民共和国预算法》（以下简称新《预算法》）这一准自然实验，基于市州层面的预决算数据，构建强度 DID 模型来实证探究预算法治对地方政府预决算偏离行为的治理效应；并从预算编制和预算执行的角度，阐释了新《预算法》如何影响地方政府预算行为。实证结果显示：新《预算法》的实施有助于降低地方政府收入、支出预决算偏离度；机制检验发现新《预算法》通过增强收入预算编制的科学性，降低了收入预决算偏离度；通过促进支出预算及时下达，约束政府年底"突击花钱"行为，降低了支出预决算偏离度。新《预算法》对支出预算变动幅度影响不显著，支出预算在年初编制时质量不高、实际执行中仍存在着较大幅度的调整，意味着具有总括性的新《预算法》对支出预算编制的指导和规范作用有待加强。

第二，运用省级政府层面的预决算数据，探究了人大监督对地方政府财政预决算偏离行为的治理效应。宪法赋予各级人民代表大会及其常务委员会预算审查监督职责，有效的人大监督关乎着全面规范透明、标准科学、约束有力的现代预算制度的建立。本书以人代会上代表意见建议总数来量化人大监督效果，并拓展分析了人大专委会、人大常委会、人大预算联网监督的治理作用。研究发现：人大监督降低了地方政府收入预决算偏离度和支出预决算偏离度。相比预算执行环节，人大监督对地方政府预算编制环节的影响更为明显；人大监督对本级政府可控的支出预决算偏离行为具有显著的治理作用，但对收入预决算偏离行为的影响并不显著。拓展性分析发现，对于支出预算而言，人大专委会预算审查结果意见力度越弱的地区，加大人大代表监督力度的动机越强；人大常委会财政监督力度越强的地区，通过增加人大代表所提建议数来降低地方政府收支预决算偏离度的动机越弱。此外，可以运用现代信息技术来完善人大预算审查监督制度，人大预算联网监督系统成为加强人大监督的有效替代手段。

第三，以省级政府作为研究对象，提供了国家审计对地方政府收支预决算偏离行为的治理效应的经验证据，并进行了相关的稳健性检验。理论上，审计建议采纳的制度完善效应、审计整改的行为纠偏效应、审计问责的震慑效应对地方政府预决算偏离产生了矫正作用。本书重点检验了制度完善效应、行为纠偏效应和震慑效应，以及与人大构建监督合力的制度设计效果。实证结果显示：国家审计显著降低了地方政府收支预决算偏离度；审计建议采纳和审计问责显著降低了地方政府收入预决算偏离度，审计整改和审计问责显著降低了地方政府支出预决算偏离度；借助人大监督力量，审计监督对地方政府收支预决算偏离行为的治理效应增强。此外，拓展性分析发现，新增债务和转移支付收入造成的客观偏离，会弱化审计监督对地方政府预决算偏离行为的治理作用。

第四，社会监督作为国家监督体系的重要组成部分，是推进国家治理体系和治理能力现代化的重要力量。本书以全省层面和省级一般公共预算收支为研究样本，基于预算公开视角实证评估了社会监督是否降低了地方政府预决算偏离度，并进一步考察了社会监督对地方政府的预算编制和预算执行环节的不同作用效果，以及社会监督在降低预决算偏离度的同时是否优化了财政支出结构。实证结果显示：社会监督显著降低了地方政府收入预决算偏离度和支出预决算偏离度；对地方政府收入预算和支出预算的执行偏离均具有显著的矫正作用，对预算编制环节的偏离的矫正效应主要体现在支出预算上。进一步分析发现，社会监督降低地方政府支出预决算偏离度的治理效应，随着新闻媒体报道的增加而增强，对省级预决算偏离的矫正效应主要体现在支出预算上；此外，社会监督在矫正地方政府预决算偏离的同时，也促进了地方政府财政支出结构的合理化和优化。

本书将新时代财政预算管理中的有益之举，如施行新《预算法》、完善人大预算审查监督方式、创新审计监督机制、推进预算公开等，与实证研究相结合，对我国多元化监督制度的预算治理效应及特征进行了系统的阐释，为进一步完善预算监督体系和提升政府预算治理水平提供了经验证据。从强化法律约束、增强人大代表主体履职意识、创新完善审计监督机制、提升社会监督效能等方面提出了政策建议，以期为加快建立约束有力的现代预算制度提供改革参考。

刘媛
2025 年 2 月

目　录

1 导论

1.1 研究背景及研究意义

1.1.1 研究背景

财政是国家治理的基础和重要支柱。预算作为财政的核心，反映了政府活动的范围和方向，体现了国家权力机关和人民对政府活动的监督。政府预算能力代表着国家汲取和使用财政资源的能力，主要表现为能否通过总额控制、资源配置和有效管理等实现公共预算的基本职能和目标（Schick，1998），影响着国家治理体系和治理能力现代化的推进进程。其中，总额控制涉及政府从预算编制到决算完成的整个过程，旨在对预算和决算进行强制性的公开比较（Saliterer et al.，2018），体现了预算的约束效力和预算目标的实现程度，对加快建立现代预算制度具有重要意义。

立法机关审查批准的政府预算与政府实际执行的决算之间的差异，称为预决算偏离（高培勇，2008）。部分地方政府年初编制预算时缺乏科学依据和标准，预算执行上也不够严肃，收支预算呈现随意性，造成较大程度的预决算偏离。已有研究表明，自 1994 年以来，我国地方政府预决算偏离长期处于高位。尤其是 2008 年国际经济危机爆发后，财政作为重要的宏观调控手段发挥着重要作用。为应对经济危机，各地方政府纷纷采取各种手段筹集财政资金发展经济，导致政府投融资平台泛滥、过度依靠土地财政、巨额举债投资、重复建设等，不断突破既有的预算约束，造成政府预算与决算之间出现高位偏离。经济危机过后，这种偏离现象仍然较为突出，不可避免地损害了法律的权威性，弱化了权力机关和人民群众通过预算来监督政府财政行为的作用，危及财政可持续性和政府公信力。

党的十八大以来，党中央高度重视财政和经济工作，采取了一系列深化财政预算改革举措，规范政府预算行为，强化预算约束力。但地方政府作为理性的经济人，具有追求效用最大化（谋求更大的预算自由裁量权）的动机，缺乏自发遵守预算约束的内在动力。因此，建立"约束有力"的预算制度，不仅需要增强地方政府自身的预算意识，更为重要的是构建强有力的预算监督制度。我国目前虽已建立涉及人大、审计、财政、社会公众等领域的多元化预算监督制度，但一直以来政府预算监管以财政内部控制为主，弱化了财政之外的监督力量（于玉宏，2019）。新时代，"内部控制"与"外部监督"并举的预算改革迫在眉睫，人大、审计、财政、社会公众等如此宽领域的预算约束制度，是否如预期一样，对地方政府预决算偏离行为起到了治理作用？治理机制是怎样的？各自又具有怎样的治理特征？可以从哪些方面进行强化？厘清不同监督制度背后的治理机制，识别不同监督制度对地方政府预算行为的影响特征，对构建全方位、全过程、宽领域、多维度的预算监督体系，提升地方政府的预算治理能力大有裨益。

基于此，本书在剖析和总结新时代我国多元化的预算监督体系、财政预算管理体制的基础上，梳理国内外研究文献，力图回答上述问题。本书试图结合新时代我国财政预算监督中的有益之举，如新《预算法》修订、完善人大预算审查监督方式、创新审计监督机制、推进预算公开等，分别从预算法治、人大监督、审计监督、社会监督的维度来实证评估各制度设计的预算治理效应，探究多元化的预算监督体系的治理机制和治理特征。这有助于丰富新时代我国地方政府预算治理理论，为构建多元化的预算监督体系的改革实践提供经验支持和理论支撑。

1.1.2 研究意义

"治理即预算"（Wildavsky，2001）。预算作为行政机构的生命之源，是最恰当的政府治理之"笼"。随着公共财政制度的发展和国家治理的完善，预算管理制度暴露出不少问题，这些问题突出反映在政府预算与决算行为上。政府预决算偏离程度成为国家预算能力的外在表现，体现了财政预算的软约束性。党的十九大报告要求，构建约束有力的现代预算制度。这不仅需要地方政府自身增强预算遵从意识，更需要建立起约束有力的预算监督制度。然而，既有文献关于该领域的研究还未特别深入，关于我国预算监督制度如何发挥约束和治理政府预决算偏离行为的作用，少有文献对此进行系统研究；尤其缺乏用实证方法，从监督制度层面对政府预决算偏离的治理效应进行系统论证。因此，厘清不同监督制度背后的治理机制，识别不同监督制度对地方政府预算行为的影响特征，对构建全方位、全过程、宽领域、多维度的预算监督体系，提升地方政府的预算治理能力具有重要的理论价值和现实意义。

一是弥补了当前中国地方政府预决算偏离研究领域中，对预算监督制度设计关注不足的缺陷。国内文献主要集中于地方政府预决算偏离的成因、规律、特征事实分析，以及少量的影响效应分析等。本书从地方政府预决算偏离的视角，结合新时代中国预算监督制度，系统性地评估了我国多元化预算监督体系的治理效应，拓展了地方政府预决算偏离研究视野，丰富了国家预算监督的治理效应研究。

二是本书从预算法治、人大监督、审计监督、社会监督维度，阐释了预算监督制度的预算治理机制和治理特征，对评估多元化预算监督体系的治理效应进行了有益探索，对理解预算监督制度在现代预算治理中的作用大有裨益，有助于为建立约束有力的现代预算制度提供经验证据和改革参考。

三是进一步细化研究指标，弥补已有研究对指标刻画不足的局限，为后续研究提供有益参考。本书基于年初预算数测度了地方政府预算年度内的全过程偏离行为，弥补了既有研究仅测度局部偏离行为的不足。本书采用人大代表所提建议数来衡量人大监督，弥补了现有研究对此难以量化分析的不足；同时采用文本分析等方法刻画了年初地方人代会时人民代表大会专门委员会（以下简称"人大专委会"）预算审查和闭会期间常委会财政监督力度，对深入研究预算监督制度进行了有效探索。

四是为构建全方位、多元化的预算监督体系和提升预算治理能力提供经验支持。预算作为财政的核心，预算能力的大小体现着国家治理水平的高低。本书通过理论分析和实证评估阐释了各监督制度的作用机理和治理特征，进一步验证了预算监督制度在推进地方政府预算治理中的重要作用，为推进地方预算审查监督条例的立法工作、改进人大预算审查监督方式、完善审计监督制度、加强财政预决算信息公开等财政预算改革实践提供依据。本书的研究有助于通过完善监督制度的方式来纠正政府预决算偏离过大的现象，增强预算的约束力和权威性。

1.2 主要概念界定及国内外文献综述

1.2.1 主要概念及研究对象

1.2.1.1 地方政府预决算偏离

立法机关审查批准的政府预算与政府实际执行的决算之间的差异，称为预算偏离（高培勇，2008），也称预决算偏离。由于经地方人大立法机关审查批准的预算数，有年初预算数和年中调整预算数之分（李建军和刘媛，2020；吕冰洋和李岩，2020），为进一步细化研究预算偏离过程，区分年初预算数与调整预算数之间的变动程度、年初预算数与决算数之间的偏离程度，本书将"预算偏离"明确为预决算偏离。目前，已有研究使用的测度偏离指标大多基于财政年鉴的预算数，忽略了该预算数为年度预算执行中调整预算后的收支预算数，未能反映年初预算至调整预算之间的预算偏离，该方法衡量的预算偏离是部分预算偏离。为实现全过程地考察地方政府预算年度内的预决算偏离行为，本书选择基于年初预算数和决算数来测度地方政府的全过程预决算偏离行为。此外，2015 年新《预算法》施行后，要求政府编制"四本预算"，即一般公共预算、政府性基金预算、国有资本经营预算和社会保险基金预算，其中一般公共预算规模最大，是现有预决算偏离研究文献的关注重点。本书也主要聚焦一般公共预算的收入、支出预决算偏离，旨在对地方政府一般公共预算的偏离行为进行全面系统的研究。

1.2.1.2 预算法治

法律制度是政府行使预算职能的依据，较高的政府预算法治程度，直接关系着国民经济分配与再分配秩序的合理性（程瑜，2008）。为了防止公共权力机关滥用预算权，目前各国政府在预算管理过程中都坚持预算法治原则；并形成了相应的预算法律体系，要求政府预算行为必须在法律规定下进行，通过法治方式对政府财政收支行为进行有效控制和监督（华国庆，2009）。如在政府预算编制、预算执行、预算监督等环节都制定了明确的法律，保证政府预算的全过程都在法律框架下进行，以约束和控制地方政府预算行为，防止其预算行为偏离社会公众利益和法治轨道。我国的财政预算法律体系正在逐步成熟中，部分规定还需细化完善。如 2014 年 8

月 31 日，第十二届全国人民代表大会常务委员会第十次会议表决通过关于修改《中华人民共和国预算法》的决定，并于 2015 年 1 月 1 日开始施行新修订的《中华人民共和国预算法》。本书正是基于新《预算法》对地方政府财政预算的编制和预算执行的新要求，考察法律规定对地方政府预算收支行为的影响，以实证评估预算法治的效果。

1.2.1.3　人大监督

在我国，人大是人民行使国家权力的机关[①]，其拥有立法权、决定权、任命权和监督权，决定国家权力的来源和运行方式，是推进国家治理体系和治理能力现代化的有力支撑。我国宪法和法律赋予了人大及其常委会对政府预算、决算的审查权、批准权、监督权等，建立了一套完整的政府预算控制机制。党的十八届三中全会指出建立现代财政制度，要加强人大预算决算审查监督和国有资产管理监督职能，对政府预算进行全口径的审查监督。人大预算审查和执行监督，成为促进政府合理安排预算、保证预算执行不偏离预算目标的重要手段（周劲尧和周振，2021）。本书主要从人大权力机关审查批准政府财政预算和监督预算执行的角度，探究人大监督对地方政府收支预决算偏离行为的治理效应。

1.2.1.4　审计监督

国家审计作为依法用权力监督制约权力的重要制度安排（刘家义，2015），是党和国家监督体系的重要组成部分。为保障审计机关依法监督和规范地方政府财政收支行为，我国宪法和法律赋予了审计机关处理处罚权、行政强制措施权、建议给予行政处分权和建议纠正违法规定权等权限。审计机关可以依法对政府的全部收入和支出，以及相关经济活动进行审计。其重要职责之一就是每年对本级各部门（含直属单位）财政预算的执行情况和其他财政收支情况，以及财政决算情况进行审计。目的是监督地方政府是否依据人大审查和批准的财政预算开展收支工作，以便及时发现和纠正地方政府财政收支中的违法违规行为。新时代国家审计更加重视发现经济运行中好的做法、经验和问题，注重从体制机制层面分析原因和提出建议，帮助被审计单位完善制度、改善管理、增进绩效等，从体制机制源头上堵住漏洞，推动公共部门实现良好治理。审计机关所提出的审计建议数正是"发现问题，完善机制"基本原则的具体体现。理论上，审计

---

① 《中华人民共和国宪法》第二条规定，"中华人民共和国的一切权力属于人民。人民行使国家权力的机关是全国人民代表大会和地方各级人民代表大会"。

建议采纳的制度完善效应、审计整改的行为纠偏效应、审计问责的震慑效应使国家审计对地方政府财政预决算偏离行为具有矫正作用，本书正是从这些角度考察国家审计对地方政府预决算偏离行为的治理效应。

1.2.1.5　社会监督

社会监督是国家机关以外的社会组织和公民，指依据宪法和法律赋予的权利，对执政党和政府行为进行监督。其主要表现为社会公民或团体通过建议、批评、揭发等方式，对国家机关及其工作人员权力行使行为的合法性与合理性进行监督，是人民主权原则的直接表现。这种监督虽不具有直接的法律效力，但可以触发国家监督机制的运行，监督效果与国家的民主化水平、社会公众的法律意识和民主观念等相关。作为国家实现善治必不可少的一环，社会监督是提升政府预算治理水平的重要方式，主要体现为社会公众对预算编制、执行、调整和决算等全方位、全过程的具体监督行为（李建军，2013）。公众对所在地区的预算收支提出的意见和建议的数量和质量，是比较有效的度量指标，但这样的数据难以获取。鉴于财政公开透明是社会公众监督财政的重要条件，可以缓解社会公众与政府预算信息不对称的问题，弱化地方政府绕开预算自收自支的权力，有效地抑制政府官员的机会主义行为；同时，也是强化社会公众财政监督，提升政府绩效、促进政府和官员自觉认真履职的有效方法（张琦和吕敏康，2015），故本书以地区财政透明度作为社会监督的代理变量。一方面，财政透明度指数反映了各省份财政公开透明的程度；另一方面，各省份财政透明度得分及其排名的发布，在社会上产生了广泛的影响，客观上激发了公众对财政预算的关注，也间接地起到了社会监督的作用。

1.2.2　预决算偏离成因研究

预决算存在差异是国内外学者都关注的问题，不过国外学者多从预测的科学性和准确性方面着手，并主要集中在讨论收入预测的方法以及影响因素上，用"收入预测的准确性"或者预算调整（Dougherty，2003）来反映，分为"非故意错误""政治操纵"两类（Larkey and Smith，1989）。与国外研究相反，国内关于预算偏离的探讨则远远超出了"预测"的范畴（吕冰洋和陈志刚，2021），关于预算偏离的成因，学者已从规范和实证的层面进行了多维度研究。如马骏和侯一麟（2004）、谭志武（2006）、马蔡琛（2008）、马岭（2010）、刘叔申（2010）、林慕华和马骏（2012）、任喜荣（2013）、赵海利和彭军（2013）、王华春和刘清杰（2015）、许聪（2018）、吕冰洋和李岩（2020）等从预算编制、预算执行、预算监督、财政体制和经济因素等方面研究偏离成因。总的来看，主要分为以下四类影响因素：

1.2.2.1　经济因素

具体而言，经济形势波动导致的失业（Boyd and Dadayan，2014）、经济不确定性（Hendrick，2006）、经济周期难以预测（Rodgers and Joyce，1996；Couture and Imbeau，2009）等，被认为是非故意错误。如 Keene 和 Thomson（2007）发现新西兰财政部的税收收入预测误差，包括宏观经济形势变化导致的误差和税收比例预测误差。Boyd 等（2011）发现美国州政府在 1987—2009 年的收入预测的平均偏离为 3.5%，如在经济繁荣的时候，财政收入倾向于被低估，而在经济低迷时，财政收入往往被高估。Ardanaz 和 Izquierdo（2022）运用 1980—2014 年的 100 多个发展中经济体和新兴经济体，以及 30 多个发达国家的样本，发现政客们在好（坏）时期有更强烈的动机增加（减少）当前支出。王华春和刘清杰（2015）的研究则表明地区经济增长对预算偏离"呈现正向扩大效应"，而"地方政府效率与预决算偏差的长期关系更加稳定，且对预决算偏差具负向冲击力"。

1.2.2.2　政治因素

党派周期（Ohlsson and Vredin，1996）、选举周期（Gentry，1989；Paleologou，2005）、政党的附属关系（Smith，2007）等，被视为政治操弄类影响因素。如欧元区国家通过高估政府的财政收入来提高负债能力，既有助于规避各国关于财政赤字、公共债务的规定（Jonung and Larch，2006），也有助于政府官员争取连任（Boylan and Gekker，2008）。Bostashvili 和 Ujhelyi（2019）基于美国各州高速公路支出的数据，发现美国州政府在任命制度下的高速公路支出中有明显的预算周期。吕冰洋等（2020）基于撤县设区的准自然实验，发现在经济增长压力刺激下，地方政府更有能力和意愿突破预算控制，扩大支出预决算偏离。

1.2.2.3　组织因素

预算规则是组织因素中的重要考量因素（Forrester，1991；Rose and Smith，2012；Chirenje et al.，2013）。通过对收入预测实践的研究，发现更高的透明度和更简化的预算程序有助于提升预算效率（Kyobe and Danninger，2005）；预测过程的独立自主性，有助于提升预测的科学性

（Buettner and Kauder，2010）。Lledó 和 Poplawski-Ribeiro（2013）通过研究非洲地区预算执行情况，发现预算调整金额越大的地区，预算监督和预算约束力越差。我国政府预算与计划经济增长率挂钩的做法，使得经济周期波动以及通货膨胀都会在一定程度上导致预决算的偏离（孙玉栋和吴哲方，2012）。廖家勤（2013）研究发现法定支出过多造成了预算支出结构固化，限制了预算编制的灵活性和自主性；同时政府预算编制程序并不规范，项目支出预算可行性论证不充分（叶新路，2014），项目资金分配不合理（李升亮，2015），造成预算执行偏离较大。

1.2.2.4　技术因素

有文献发现，预算技术层面的非故意错误也会导致预测偏离，如预算的预测过程、参与预算预测的人员特征（Reddick，2004；Buettner and Kauder，2010）、预测方法不准确和数据不足（Armstrong，1983；Caiden and Wildavsky，1980）。我国政府预算采用留有余地的编制原则，使得预算偏离呈现高位运行的态势（王秀芝，2009）。

陈志刚和吕冰洋（2019）对预算偏离的成因进行了系统的总结，认为预算管理中预算编制不科学、预算执行"软约束"、预算过程"碎片化"，预算管理体制中地方财政收支不匹配、转移支付规模过大且结构不合理，外部监督和约束中人大监督不够健全、财政审计不够完善、预算管理不够透明等，导致了财政预决算偏离。可以看出，"预决算偏离"反映的不仅是预算收入预测准确与否的问题，更有预算数与决算数之间的执行偏离问题。相比较而言，国外文献侧重讨论的是与收入预测相关的预算编制环节，少有文献关注预算执行环节。

1.2.3　预决算偏离测度研究

陈志刚和吕冰洋（2019）利用 1994—2017 年中国公共预算的预算和决算数据，全面分析和归纳了中国政府预算偏离的典型特征：中国政府预算偏离长期处于较高水平；全国和地方层面的预算偏离呈现出不同的特征；不同财政收支项目的预算偏离程度存在极大差异；预算偏离在不同省份的表现也不尽相同。该文献使用的测度偏离指标为基于年中调整预算数计算的预决算偏离，忽略了年初预算数的预算效力。截至 2019 年，已有文献的偏离测度均是基于调整预算数。然而，随着学界对地方政府预算过程的了解和数据的逐渐丰富，李建军和刘媛（2020）、吕冰洋和李岩（2020）

进行了基于年初预算数的预决算偏离测度。年初预算数是财政部门年初在地方本级人民代表大会上报告并经过审查和批准的当年度财政预算数。而调整预算数是经本级人大常委会审查批准，根据实际情况需要进行调整后的预算数。决算数公布时间一般为次年年中，是本级政府结算对账后的定稿数。从已获得的数据来看，年初预算数和调整预算数相差很大，因此测度的结论也常有不同。

1.2.4 预决算偏离影响后果研究

政府预算管理水平会对经济社会发展产生重要影响，而财政收支预决算偏离度作为反映国家财政预算编制执行和监督管理的重要指标，也会影响地区隐性经济的规模、地方政府投资等。但现有的相关研究文献还不是很多，只有少数通过实证分析得到的研究成果。

韩丽娜（2012）、张铭洪等（2013）、王霄涵（2020）通过对现有文献的梳理，发现财政收支预决算偏离度是衡量国家财政预算编制和执行水平、监督管理水平的一项重要指标。李永海（2016）首次研究了地方政府收支预决算偏离度对地区隐性经济规模的影响效应，发现提升政府预算管理水平可以显著地抑制隐性经济规模，且税收负担与隐性经济规模正相关。苑德宇（2014）通过构建随机动态模型分析税收收入预决算偏离如何影响政府投资，发现当期税收收入预决算偏离正向显著地影响了地方政府投资预算税收收入。谢柳芳等（2019）认为预决算偏离会影响地方政府预算能力和政府治理效率。此外，预决算偏离过大意味着预算融资也存在软约束，从而推高债务规模（赵文举和张曾莲，2020）。

1.2.5 预算监督制度研究

国家的预算能力体现了治理能力。权力缺乏制约容易导致政府官员利用权力谋取私利等行为，使其不惜削弱法治、阻碍民主、损害社会发展，对于预算的监督活动应当贯穿于预算全过程（陈希晖 等，2010）。根据我国财政预算管理体制，预算监督体系应是由多层次、全方位的监督主体组成的。预算监督主体对各级政府和预算单位的预算编制、执行、调整以及决算等活动的真实性和有效性进行监察和督导（李炳鉴，2005）。唐云锋（2011）认为，国家机关及其工作人员运用国家法律赋予的监督权力对其他权力进行的监督是国家监督，属于体制内的监督；社会公众、团体以及新闻媒体等通过行使合法权利对公权力进行的监督是社会监督，属于体制外的监督。

随着《中华人民共和国预算法》及其他相关法律法规的出台，我国的预算法治建设不断加强，但对预算过程的约束力仍有限，存在过度行政裁量行为（王雍君，2013）。预算监督作为立法机构监督和控制政府行为最重要的工具，也是建立对人民负责政府的关键方式。徐阳光（2011）指出了预算法律制度的重要性，理顺政府间关系、完善预算法律制度成为预算法治的当务之急。

我国宪法赋予了人大及其常委会批准、审查和监督国家预算与决算的权力，从而间接地构造了预算授权的基本框架。由于预算制度落后，在过去相当长的一段时间，各级人大及其常委会一直未能有效地行使预算监督权力。1999 年启动的预算改革，为加强人大预算监督创造了条件（林慕华和马骏，2012）。刘剑文（2014）认为财税法治建设是新时期各项改革的排头兵和突破口，人大应充分行使宪法赋予的立法权和监督权，尤以预算审批权为重。朱大旗和李蕊（2012）认为应通过完善立法来加强我国预算审批制度，如审批主体、对象、权能、程序等方面。王春业和聂佳龙（2013）也认为我国宪法及相关法律对人大预算权规定不足。杨肃昌（2012）探讨了"立法审计"问题，认为审计机关隶属于立法机关，会更有利于地方人大行使预算监督权力。改革开放以来，我国人大预算监督体系逐步完善，监督能力日益增强，监督效力不断提升（樊丽明和石绍宾，2021）。尤其是党的十八大以来，我国对人大预算监督的重视程度逐步提高，改革不断深化，监督的权威性和约束力日益提升（樊丽明 等，2022）。

审计是国家治理体系的组成部分，通过对政府权力行使过程中公共资源的管理和使用情况进行监督，实现对政府权力的控制，防止腐败和权力滥用（刘家义，2015）。在国家治理视角下，审计作为国家治理系统中的监督控制系统之一，对国家治理执行系统实施监督和约束，服务于国家治理的决策系统（崔振龙和王鸿，2012；贾春泽，2012）。审计实际上是依法用权力制约权力的制度安排，是立法权与行政权之间相互制衡的手段和机制。具体而言，审计机关通过对经济活动的审计监督，能够掌握经济运行的第一手信息，提出有针对性、建设性的审计意见和建议，督促纠正整改和完善，为提升国家治理能力服务（李荣生，2016）。

社会监督作为重要的外部监督制度，是国家实现善治必不可少的一环，主要包括社会各政党、社会组织和公众舆论监督（张蕊，2011）。随着社会监督观念逐渐深入人心，以公众为主体的新型问责机制逐步发挥作用，成为政府预算治理中的重要监督机制（张琦和吕敏康，2015）。政府公开预算信息是建立现代财政制度的内在要求，也是社会公众进行有效监督的必要基础。李红霞（2011）指出，发达国家的预算改革都是通过推进预算公开透明来加强财政监督，这是建立廉洁高效和负责任政府的内在要求。吕炜和靳继东（2013）认为实现预算从政府管理向控制取向的功能转换，是我国预算改革的根本目标。现代预算的本质是规范约束政府的预算行为，更需要完善预算监督、财产保护和预算公开等制度安排（郭剑鸣和周佳，2013）。

1.2.6 文献述评

基于对既有文献的回顾和梳理，总体而言，虽然国内外对预决算偏离的研究已有较多成果，但主要着重于成因分析、规律探索和少量影响效应分析，关于如何治理地方政府预决算偏离的研究很少，还有很多值得深入研究的地方。①从以往文献对政府预决算偏离的探讨来看，既有文献重点考察了收入预决算偏离，而对支出预决算偏离的研究较少。②国外文献注重研究预算编制时如何提升预测的准确性和科学性，较少考虑预算执行过程中的偏离。③由于统计口径不一致，或预算数据完整性欠缺，目前关于我国省级政府收支预决算偏离的特征事实研究存在不一致，已有文献对预决算偏离客观规律的把握尚有不足之处。④国内已有文献主要集中于对预决算偏离的理论分析和描述性研究，实证研究较少；立足于我国地方政府财政预算运行实践，深入分析预算编制、预算执行、预算调整、预算监督等环节的问题的研究较少。⑤囿于数据可得性，既有研究关于多元化的监督制度对偏离行为的治理效应及其治理特征分析较少，也未进行系统探讨。

1.3 研究方法和框架

1.3.1 研究方法

本书采用的研究方法主要有系统研究法、文献分析法、访问法和实证分析法。具体如下：

（1）系统研究法。本书从系统观念出发，围绕地方政府收入、支出预决算偏离，系统研究预算法治、人大监督、审计监督、社会监督形成的多元化预算监督体系的治理作用，并分别识别不同制度设计对地方政府预决算偏离的作用机理和治理效应，系统性地阐释中国多元化预算监督体系的治理特征。

（2）文献分析法。本书通过收集、整理、查阅、总结和归纳相关文献和法律法规，探寻中国地方政府预算管理特征和收支预决算偏离的成因、规律等，并梳理相关监督制度治理地方政府预决算偏离行为的理论逻辑。

（3）访问法。以问题为导向，选取代表性地级市，与其人大预算委员会、审计机关、政府财税部门工作人员保持长期的沟通交流，赴四川省人大常委会预算工委、财政厅各处室、市级人大权力机关开展实地调研，了解预算监督制度在实践中如何发挥对地方政府收支预决算偏离的治理作用，为本书的研究提供素材，使分析更切合实际。

（4）实证分析法。在数据上，本书采用省级层面和地级市层面的面板数据进行多层次的实证分析，尤其是使用地级市的月度数据来分析地方政府收支预决算偏离的全过程。在计量分析中，采用准自然实验的研究方法来解决模型的内生性问题，如在探究预算法治对地方政府预决算偏离的影响效应时，利用 2015 年新《预算法》在全国范围开始施行这一准自然实验，构建了"类政策实验"的强度 DID 模型，并进行了丰富的稳健性检验和机制检验。此外，本书也通过收集历年相关的报告文件，结合双向固定效应模型、文本分析、动态 GMM 估计方法等进行实证分析。

1.3.2　研究框架

本书拟解决的关键问题为如何治理地方政府预决算偏离。本书基于多学科交叉研究，主要分析了预算法治、人大监督、审计监督、社会监督等多元化预算监督体系的制度作用机理。力图回答以下问题：中国多元化预算监督体系对地方政府收支预决算偏离的影响如何？呈现什么样的特征？各种监督制度的传导机制和治理效应是怎样的？其发挥作用的内在逻辑是什么？建立约束有力的现代预算制度需要完善哪些监督机制？实证方面，本书运用全国省级层面一般公共预算的收支预决算数据、四川省各市州历年的财政预决算数据和月度执行数据、地方政府的年度预算报告、地方人大常委会工作报告、人大专委会预算审查结果报告等数据构建双向固定效应面板模型，借助双重差分法、工具变量法等对相关问题进行实证检验。以期在上述实证研究结果的基础上，提出优化完善预算监督制度，加快建立约束有力的现代预算制度的政策建议。

总体研究目标是探究预算监督制度对地方政府预决算偏离的治理效应。具体包括以下方面：①通过收集省市层面一般公共预算收支预算的年初预算数、调整预算数和决算数据，全过程地测算我国省市层面财政预决算偏离的特征事实，揭示各地方政府预算调整幅度等。②构建多元化预算监督体系对地方政府预决算偏离的治理效应分析框架，基于全国省级层面历年预决算数据、四川省各市州历年预决算数据，系统性地分析新时代多元化预算监督体系对预决算偏离的治理效应。③实证分析方面，本书以地方政府预决算偏离度为视角，从预算法治、人大监督、审计监督、社会监督四个方面对多元化预算监督体系进行实证研究，系统评估不同监督制度对预决算偏离的治理效应，揭示不同监督制度的作用机理，为建立约束有力的现代预算制度提供经验证据，为完善财政预算制度设计提供政策参考。④针对上述研究结果，本书对完善现行预算管理制度和构建约束有力的现代预算制度提出政策建议。

本书在剖析和总结新时代多元化预算监督体系、财政预算管理体制的基础上，梳理了国内外研究动态，从预算法治、人大监督、审计监督、社会监督维度来系统分析中国多元化预算监督体系的制度机理；并基于全国省级层面的预决算数据、四川省各市州的年度和月度数据，实证评估各制度的预算治理效应。本书遵循"理论研究（治理机制）→制度背景（特征事实）→实证研究（效应评估）→对策研究（治理建议）"的技术路线，综合运用实证分析和规范分析相结合的研究方法。全书研究框架如图1-1所示。

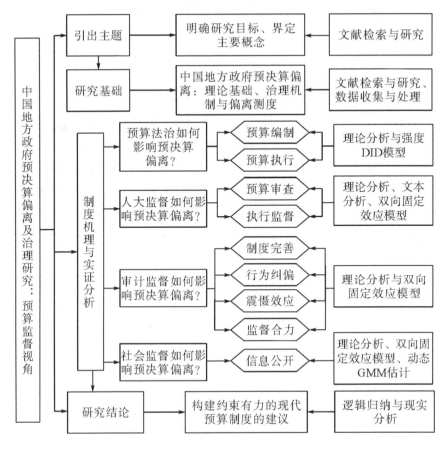

图 1-1　研究框架

本书分为七章，各章内容如下：

第一章是导论。首先是对选题背景的介绍，提出要研究的问题，并阐述研究意义；其次是界定研究的主要概念和梳理国内外研究现状；最后介绍本书的框架设计和研究方法，以及研究的创新点和不足之处。

第二章是中国地方政府预决算偏离：理论基础、治理机制与偏离测度。本章基于公共选择理论、委托代理理论、信号传递理论等，分别阐释了地方政府最大化预算自由裁量权行为、预算机会主义行为、预算不透明行为可能引致的地方政府预决算偏离；并结合预算法治、人大监督和审计监督等，介绍了多元化预算监督体系的预算治理机制，为后文的研究奠定理论基础。同时，针对我国现行预算管理体制提出了贴合实际的预决算偏离测度指标，并测度了中国省市级政府预决算偏离的特征事实。

第三章是预算法治与地方政府预决算偏离。新《预算法》于 2015 年 1 月 1 日开始施行，这为本书研究预算法对政府收支行为的约束效应提供了宝贵的机会。理论上，造成地方政府预决算偏离的直接原因为预算编制的质量不高和预算执行约束力不足；而新《预算法》要求实现对政府预算的全口径审查和全过程监管，强化政府预算的约束力，降低地方政府预决算偏离度。基于此，本章主要是利用 2015 年开始施行新《预算法》这一准自然实验，基于四川省 21 个市州预算执行的月度数据和年度的预决算数据，构建强度 DID 模型来实证评估预算法治对地方政府预决算偏离行为的治理效应，并对实证结果进行了丰富的稳健性检验和机制检验；还从预算编制和预算执行的角度，阐释了新《预算法》如何影响地方政府预算行为。实证结果显示：新《预算法》的实施有助于降低地方政府收入、支出预决算偏离度；机制检验发现新《预算法》通过增强收入预算编制的科学性，降低了收入预决算偏离度；通过促进支出预算及时下达，约束政府年底"突击花钱"行为，降低了支出预决算偏离度。此外，新《预算法》对支出预算变动幅度影响不显著，支出预算在年初编制时质量不高、实际执行中仍存在着较大幅度调整，意味着具有总括性的新《预算法》对支出预算编制的指导和规范作用有待加强。

第四章是人大监督与地方政府预决算偏离。宪法赋予各级人民代表大会及其常务委员会预算审查监督职责，有效的人大监督关乎着规范透明、标准科学、约束有力的现代预算制度的建立。本章主要研究我国人大监督对地方政府收入、支出预决算偏离的影响机制和治理效应。通过以人代会上代表意见建议总数来量化人大代表审查监督财政预算的效果，并拓展分析了人大专委会和人大常委会的监督作用。研究发现：人大监督降低了地方政府收入预决算偏离度和支出预决算偏离度。相比预算执行环节，人大监督对地方政府预算编制环节的影响更为明显；人大监督对本级政府可控的支出预决算偏离行为具有显著的治理作用，但对收入预决算偏离行为影响并不显著。拓展性分析发现，对于支出预算而言，人大专委会预算审查结果意见力度越弱的地区，增强人大代表监督力度的动机越强；人大常委会财政监督力度越强的地区，通过增加人大代表所提建议数来降低地方政府收支预决算偏离度的动机越弱。此外，可以运用现代信息技术来完善人大预算审查监督制度，人大预算联网监督系统成为增强人大监督的有效手段。

第五章是审计监督与地方政府预决算偏离。审计作为党和国家监督体系的重要组成部分，是推进国家治理体系和治理能力现代化的中坚力量。本章主要关注的是国家审计是否能够降低地方政府预决算偏离度，包括地方政府财政收入和财政支出预决算偏离度。本章以省级层面地方政府作为研究对象，提供了国家审计对地方政府收支预决算偏离的治理作用的经验证据，并进行了相关的稳健性检验；同时进一步分析了国家审计如何发挥对地方政府预决算偏离行为的治理作用，即探讨了国家审计建议的制度完善效应、行为纠偏效应和震慑效应，以及构建监督合力的实践效果。

第六章是社会监督与地方政府预决算偏离。社会监督作为国家监督体系的重要组成部分，是推进国家治理体系和治理能力现代化的重要力量。为探究社会监督是否降低了地方政府预决算偏离度，本章以省级层面的一般公共预算收支为研究样本，运用省级层面的面板数据实证检验了社会监督对地方政府收入、支出预决算偏离行为的治理效应；并进一步考察了社会监督对地方政府的预算编制和预算执行环节的不同治理作用，以及对省级政府可控偏离行为的影响。

第七章是主要结论和政策建议。本章基于理论分析和实证研究的经验证据，结合对财政运行实践和现状的了解，归纳研究结论，主要从强化预算法治、做实人大监督、完善审计监督、增强社会监督四个方面，为构建约束有力的现代预算制度提供政策建议。

1.4　研究创新和不足

本书在以往有关预算治理的理论和经验研究的基础上，以新时代中国财政预算管理体制和多元化预算监督制度改革为背景，系统探讨了我国预算监督制度对地方政府预决算偏离行为的治理效应和治理特征。相比于国内外既有研究而言，本书的主要创新之处在于以下三个方面：

第一，本书从预算法治监督、人大监督、审计监督、社会监督的维度，系统探讨了多元化预算监督制度对地方政府预决算偏离行为的治理效应。现有的国内研究文献侧重于探究政府预决算偏离的成因、规律、影响效应等，有少数文献考虑了某一方面预算监督的治理效应，但并没有系统解释其治理机制和治理特征。对此，本书首次系统性地定量研究预算监督制度的治理效应，强调构建全方位、全过程、多层次的预算监督体系，为地方政府预决算偏离行为治理研究提供了新的视角，这是本书在选题上可能存在的创新。

第二，本书从多元化的预算监督体系出发，分别检验了不同监督制度的预算治理效应和治理特征，对已有研究进行了有益探索。如在预算法治方面，本书基于市州层面的预决算数据和月度执行数据，采用强度 DID 方法，首次实证检验了新《预算法》是如何影响地方政府收支预决算偏离的。在人大监督方面，基于历年人大常委会工作报告、人大财经委预算审查结果报告量化分析了人大监督效力，首次实证评估了人大预算联网监督的效果，有效捕捉了人大监督的治理特征。在审计监督方面，解释了国家审计矫正地方政府预决算偏离行为的内在逻辑，同时结合审计整改结果向本级人大常委会报告的创新型机制设计，首次实证评估了审计整改报告机制在强化地方政府预决算偏离审计治理方面的作用，支持了审计在国家治理体系中重要地位的理论论断和制度改革实践。在社会监督方面，从预算信息公开视角，揭示了社会监督对预算编制和预算执行等环节的治理特征，并进一步分析了其对省级政府可控偏离行为的影响，拓展了现有研究。本书为如何治理地方政府预决算偏离提供了经验证据，并进一步分析了实践中创新型制度设计的政策效果，这是本书在研究内容上的创新。

第三，本书基于对中国预算监督实践的了解，对研究数据进行收集和开发，为研究指标的完善和适度创新提供了支撑。如本书基于收集整理的各省份历年年初预算数和决算数，刻画了地方政府预算年度内的全过程偏离行为，弥补了既有研究基于调整预算数测度局部偏离行为的不足；采用地市级收支预算的月度执行数，解决了以往研究缺失月度执行数据而无法有效评估年底"突击花钱"行为的难题；通过手工收集整理历年人大常委会工作报告、人大预算草案审查结果报告等刻画了人大监督效力，同时运用文本分析的方法测度了人大不同监督方式的治理效果，突破了既有关于人大监督的研究难以量化分析的瓶颈；运用网络爬虫技术获得了媒体关于预决算报道的数据，以便对社会监督进行测度。上述数据收集和整理工作，使本书的研究指标更贴近预算监督实践，为全面系统地分析多元化预算监督体系的预算治理效应提供数据支撑。

地方政府预决算偏离的治理研究是一项系统性工程，预算监督制度对政府预算偏离行为的治理机制是全方位、多层次的，本书的研究可能有管中窥豹的不足，主要体现在：①理论分析有待深化。本书对地方政府预决算偏离的理论逻辑、治理机制进行了阐释，但地方政府预决算偏离行为具有复杂性，受自身研究水平的局限，未能对预算治理效应进行理论模型分析。②治理机制有待完善。由于数据缺失，未能进一步探讨预算公开质量、媒体报道情绪等对地方政府预决算偏离的影响，未能全面地反映社会监督对地方政府预决算偏离行为的治理机制。③研究数据有待继续完善。囿于数据可得性，本书未能收集到全国所有地级市层面的一般公共预算收入、支出的预决算数据，仅用代表性省份的地级市数据进行分析，后续研究可以在市级或者县级层面进一步深入。

2 中国地方政府预决算偏离：
理论基础、治理机制与偏离测度

2.1 理论基础

2.1.1 公共选择理论：最大化预算自由裁量权

2.1.1.1 公共选择理论

公共选择理论又称为新政治经济学，以微观经济学的基本假设、原理等来研究和刻画政治市场中的主体行为和政治市场的运行，属于经济学和政治学的交叉学科。其产生于 20 世纪 40 年代末，当时政府过多地干预市场运行，凯恩斯主义经济学已难以有效解决政府的巨额财政赤字和持续通胀问题，学者们开始重新思考"政府能干什么、应该怎么干"，公共选择理论应运而生。尤其是 1962 年，詹姆斯·布坎南（James Buchanan）和戈登·塔洛克（Gordon Tullock）在《同意的计算——立宪民主的逻辑基础》中，首次对公共选择理论（public choice theory）的基本问题进行全面探讨，并把政府行为纳入了经济人假设的分析框架，这是公共选择理论区别于传统政治理论的根本点。这标志着公共选择理论的基本原理和理论框架的形成，公共选择理论开始成为独立的理论学派，其学术影响迅速扩大。

顾名思义，公共选择理论的研究对象是公共选择问题。公共选择，从本质上而言是一种政治过程，处于政治市场中，是将公众的个人选择通过投票等民主决策程序转化为集体选择的行为和过程。即人们以个人利益最大化为内在动力，通过民主决策的政治程序来决定提供什么样的公共物品、怎样提供和分配公共物品，以及如何设立相应的规则，从而通过非市场化决策的方式对资源进行有效配置。公共选择理论把经济学的研究对象拓展到政治学研究领域，将以往被经济学家视为外部性因素的政治行为与经济行为相统一，并将经济市场中的交易分析扩展到政治领域。

不同于古典政治经济学理论中"代议制民主政体下的政治家是完全仁慈为民"的基本假设，公共选择理论对现实生活中的政治家行为有了更为贴切的理解，即将微观经济学中"理性经济人"假设引入政治市场（Downs，1957），认为政治领域中的政治家个人也是自利、以个人利益最大化为行为准则的经济人。政治家同时处于政治市场和经济市场中，当处于政治市场时会以社会利益最大化为决策导向，当处于经济市场时则会以个人效用最大化为决策导向。这意味着同一个政治家在不同的市场环境中受到不同的利益驱动而追求不同的目标，这种政治经济截然对立的"善恶二元论"在逻辑上是难以解释的（Buchanan，1967）。而政治主体也属于理性经济人的假设，可以有效地解释上述行为人的特征，并把两个方面纳入统一的分析框架中。当政治主体的行为符合理性经济人假定后，追求个人利益最大化成为所有行为人的行为动机，运用微观经济学中的成本-效益分析等工具来解释个人偏好与政府公共选择的关系也就有了理论基础。公共选择理论通过研究投票及其他民主形式和程序，可以帮助社会公众有效地向政府表达公共物品供给需求。

公共选择理论是对政府决策过程的经济分析，其核心是对投票及相关决策程序的研究，目的是保障政府按照社会公众的意愿来提供公共物品或公共服务。但从应用的角度来看：①公共选择理论的经济人假设，最贴近实际，既有助于作出有效率的决策，也意味着政治家具有追求个人利益最大化的动机，仅靠政治家个人的思想觉悟和道德约束，并不能始终保持决策符合公共利益最大化原则，而是需要建立能够约束和监督决策者的有效机制。②公共选择理论中偏好显示机制对有效的公共决策起着重要作用。有效的公共决策仅凭决策者单方面的良好意愿是难以实现的，需要构建能及时上传下达的意愿表达机制，充分了解社会公众对公共物品或服务的供给偏好，重大决策及时告知群众，保障社会公众的知情权、参与权、表达权、监督权等，畅通公民在财政预算资金安排和使用上的偏好显示机制，保障财政决策的科学性和民主性。③公共选择理论侧重于对政治决策程序和规则的研究，而决策程序和规则对决策结果影响重大。在我国目前的财政决策实践中，存在轻程序、重结果，轻规则、重人情的公共决策问题，尤其是在财政预算的决策和运行程序中，预算编制、审查批准、执行调整和决算过程中不科学、不规范的现象较为突出，最终表现为年初预算数与最终决算数出现较大差异，影响了现代预算的约束力和权威性。

2.1.1.2 最大化预算自由裁量权

随着公共选择理论的发展，学者们对政治家的行为进行了更为深刻的刻画。其中 Niskanen（1971）出版了《官僚机构与代议制政府》，提出官僚预算最大化理论。其认为官僚追求自身利益最大化的过程，也就是追求官僚机构预算规模最大化的过程，并第一次以数学形式描述了官僚行为。具体说来，Niskanen 认为官僚机构和官僚个人，在特定的制度环境下，提供的某类公共物品或服务的数量和质量，与提供该公共物品或服务对官僚机构或官僚个人自身利益的实现程度有关，而其自身利益函数主要包括薪金、津贴、声誉、特权、部门产出、部门管理自主权和自豪感等。可以看出，政府官员为了追求或者说增加自身的权力、薪资、政绩等，必然趋向于最大化官僚机构的预算规模。更进一步，官僚机构的预算规模越大，官僚机构的生存能力就会越强，能提供给下属成员的工作保障等就会越多，升迁的空间也会越大。1974 年 Migué 等人进一步研究发现，官僚们最能实现预算最大化的是预算管理上的自由裁量权，即超出最低预算成本的那部分预算资金，而非总预算资金。Niskanen（1975，1991）先后两次对官僚预算最大化理论进行修改与完善，接受上述修正观点，并认为追求盈余最大化成为官僚机构的常态。此外，Miller 和 Moe（1983）指出政治资助人具有对官僚的预算结果进行讨价还价的能力，在 Romer 和 Rosenthal（1979）研究的基础之上，Niskanen（1991）进一步探讨了预算讨价还价的范围。

最大化预算自由裁量权为本书理解地方政府预算收支行为和预决算偏离动机提供了重要的理论视角。特别是现代预算中对"管理取向""绩效取向"的强化，赋予了政府机构和官员个人更多的灵活性（王宇昕，2014），使其能够通过有意增加收入、支出规模，提高自由裁量权（王银梅，2012；王剑 等，2009）。在当前的财政预算实践中，地方政府最大化预算自由裁量权主要表现在三个方面：①在预算编制过程中，尽可能扩大总预算规模，以便通过预算监督较弱的结余结转资金环节，将其转化为可以自由裁量预算的资金，表现为尽可能最大化预算与决算之间的差异，尤其是在编制预算时。②由于预算执行中会有新增或者突发事件，年初预算编制时总会留有余地，甚至通过虚列项目以保证总预算数。这为地方政府官员最大化掌握自由裁量预算资金提供了正当理由，也在一定程度上弱化了科学准确地编制年初预算的积极性和必须性，增强了预算执行和预算调整的临时性，降低了预算约束力。③鉴于年初预算编制时可能存在难以细化的科目，预算编制准确性有限，为提高预算资金在使用过程中的效率，允许部门预算在科目与科目之间进行调剂，由财政部门负责审查批准。地方政府官员则易过度运用该预算规则，年初预算时将较高比重的预算资金放入"其他支出"科目，目的就是借助科目间的资金调剂来最大化预算自由裁量权。

公共选择理论认为，社会公众通过民主决策方式将个人选择转化为集体决策，政府集中社会资源并为公众提供具有公共性的物品。地方政府官员作为理性经济人，出于履职、政绩和扩展职权的动机，在进行年度预算的编制和执行时，具有预算最大化的内驱力，主观偏好的预算与客观需要的预算最终反映为预决算之间的差异。上述分析为探究我国地方政府预算管理过程中的预决算偏离行为提供了重要的理论视角。

2.1.2　委托代理理论：预算机会主义行为

2.1.2.1　委托代理理论

20 世纪 30 年代，美国经济学家伯利（Adolf Berle）和米恩斯（Gardiner Means）基于对 200 多家美国现代企业的考察，出版了《现代公司与私有财产》一书，发现随着生产力的大力发展和生产规模不断扩大，专业化分工成为时代趋势，企业所有者兼任经营者并不会最有利于企业发展，倡导打破企业所有权和控制权相统一的原则，探讨所有权与经营权分离，委托代理理论开始出现。直到 20 世纪 70 年代，经济学家们开始关注企业黑箱中存在的信息不对称和激励等问题，委托代理理论才真正进入大众视野。如 Ross（1973）首次使用"委托代理"来阐释代理人代表委托人行使权利的行为，并发现激励机制有助于解决委托代理问题。美国经济学家米希尔·詹森（Michael Jensen）和威廉姆·麦克林（Wiliam Meckling）在 1976 年发表的《公司理论：管理行为、代理成本和资本结构》一文中指出，企业的资本提供者（股东和债权人等）和资本的经营者（职业经理人）之间是委托代理关系，也是契约关系。由于分工的不断精细化，具备专业知识的职业经理人更具有管理企业的优势，企业所有者通过与职业经理人达成某种明示或隐含的契约，雇佣其提供企业经营管理的服务，并赋予职业经理人一定的企业决策权利和支付相应的报酬。

可以看出，委托代理关系有助于实现企业所有权和控制权的分离，适应企业的专业化和规模化发展需求。但在这种委托代理关系下，委托代理问题也随之而来。首先，职业经理人由于拥有一些委托人并不拥有的信息优势和能力，而被赋予代理权，但委托人难以准确评估代理人是否真正有效行使了代理权。其次，企业所有者是承担经营风险的委托人，职业经理人作为进行企业决策的代理人，各自的利益追求并不完全一致。委托人追求的是如何使自身的财富最大化，代理人追求的是如何使自身的薪资、福利津贴、闲暇时间等最大化，这必然导致两者在利益追求上存在冲突。若无有效的监督约束制度，代理人很有可能过度追求自身利益，而损害委托人的利益。因此，如何在信息不对称的环境中设计出最优的激励约束机制，尽可能将激励代理人披露其掌握的优势信息和有效的监督机制结合起来，成为委托代理关系中需要解决的主要问题。

2.1.2.2 预算机会主义行为

委托代理理论作为契约理论的重要发展，被用于各种所有权与经营权相分离的研究中。委托代理理论虽然起源于企业资源的提供者和使用者之间的契约关系，但根据其理论含义，在现实生活中普遍存在着委托代理关系，如国家与国有企业经理、医生与病人、律师与当事人等。政治市场中也依然存在着这样的委托代理关系（程瑜，2008），政府是经由代议制或代表制的法定程序成立，受社会公众或人民之托履行公共产品和服务提供义务的代理机构，政府官员是终极代理人，由于难以对政府行为进行检验，其代理问题可能比商业领域更为严重（Kasper et al.，2012）。尤其在政府预算领域，委托代理关系集中表现为多主体的授权链条（如图2-1所示）。

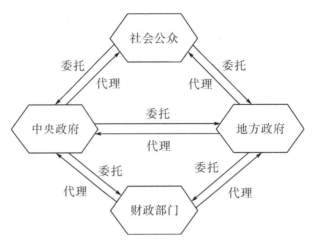

图 2-1　政府预算过程中的委托代理关系

这意味着参与主体之间不仅存在着信息不对称和利益冲突的问题,还极易受预算主体的从属关系影响(Bendor,1988)。而地方政府官员的预算机会主义行为,是财政预算松弛的重要原因(马新智和陈丽蓉,2016)。具体说来,主要表现在以下四个方面:

(1)社会公众与地方政府之间存在着公共物品提供成本预算信息不对称问题。政府官员作为最终代理人,通过隐匿掌握的预算信息,为其在预算编制时低估收入或者高估成本提供客观条件,以期设定容易实现的预算目标,降低预算执行的难度和努力程度,也为更多的机会主义行为提供空间。作为委托方的社会公众,难以对地方政府进行强有力的契约约束,难以有效遏制官员事前的"逆向选择"行为或者事后的"道德风险"行为。

(2)上下级政府之间存在着预算信息不对称问题。地方政府官员作为最终代理人,主要目标是通过自身努力达到政绩考核目标,实现政治晋升或者积累政治资本。当上下级之间的政治目标并不完全一致时,加之行政层级较多,中央政府搜集地方信息时处于劣势地位,地方政府官员比上级政府更准确地了解本地的预算信息、执行力和期望的努力程度(Shields and Young,1993),可以通过采取机会主义行为,歪曲或隐藏真实的预算信息,实现个人利益目标(Chow et al.,2010;Chow and Bracci,2020;Shon et al.,2020)。我国是一个单一制国家,宪法和有关法律对人民群众与权力机关、行政机关的关系,以及各级权力机关、各级行政机关之间的关系,均有明确的规定。其中,地方各级人民政府受双重领导,既受同级人民代表大会及其常委会领导，又受上级人民政府的领导。这种双重领导，使得地方政府官员处于双重委托代理链条中。中央政府作为委托人，希望地方政府在新发展理念的指导下实现经济社会的高质量发展；社会公众作为委托人，希望当地经济社会能够持续均衡发展，社会公共服务水平能够持续提升。

（3）预算主体之间存在横向的预算信息不对称问题。即多主体的授权链条下，选民-立法机关-政府-行政首长-财政部门-预算使用部门-服务提供者之间（Moe，1984；Strøm，2000），掌握的真实财政预算收入和支出信息存在较大差异。这种政府部门之间的预算代理问题是影响预算质量的重要因素（Junita et al.，2018）。一是委托代理链条越长，预算信息越容易失真，初始委托人的目标越容易出现偏差（程瑜，2009）；委托方若不能进行有效的预算监督，政府官员往往会有预算机会主义的动机，造成预算质量和约束力下降。二是预算执行部门最清楚真实的收入和支出信息，财政部门更清楚财政资金的实际量和预算约束，政策出台部门更了解政策的战略需求，不同预算部门之间，若无有效的信息沟通，资金安排缺乏统一部署，各部门都基于自身局部利益而争夺有限的财政资源，则容易造成"公地悲剧"或者"合成谬误"。

（4）地方政府官员具有自利动机，倾向于追求个人利益最大化。政府机构都是由人组成的，其存续和作用发挥离不开机构中的人。政府官员作为公共权力的代理人，在行使公共权力时，同时具有公共利益最大化和个人效用最大化的双重价值取向，两种利益既有一致性，也会存在冲突。不同的预算安排带来的公共利益的增进不同，对官员个人效用产生影响的程度不同。在预算执行中，官员或预算执行单位常常借助自身的信息优势，有动机和能力突破预算限制，从而造成预决算偏离。

可以发现，政府官员之所以能够最大化预算自由裁量权，在于政府与社会公众之间存在着委托代理中的信息不对称问题。在委托代理模型中，政府官员作为公共权力的终极代理人，社会公众作为委托人，两者的目标和利益并不能始终保持一致。政府官员在理性和自利的经济特征下，履职过程中会有谋求个人效用最大化的动机，尤其是基于自身薪资、政绩和政治资本等考虑，会在预算编制和执行时最大化自由裁量的公共资金（Niskanen，1975）。这将导致客观需要的预算和政府官员主观偏好的预算出现较大差异，损害作为委托人的社会公众的利益。因此，构建全面有效的预算监督机制尤其重要。

2.1.3 信号传递理论：预算不透明行为

信号传递理论产生于20世纪40年代，被认为是缓解信息不对称的有效方式，广泛用于企业投资发展领域。其认为在市场交易中，拥有信息优势的一方通过信息披露，可以解决代理人的事前逆向选择问题和降低事后道德风险，提升交易效率。信号传递和信号甄别成为该理论发挥作用的关键。信号传递是信息优势方先行动，信号甄别是信息劣势方先行动。Michael Spence（1974）认为在完全竞争市场中，存在大量的生产者，其会竭尽全力向消费者提供自身产品或服务的信息，以促成交易而实现双方利益最大化。

在该理论框架下，政府官员作为公共物品或服务的提供者，社会公众作为消费者，当政治市场中存在多个公共服务提供者时，其会倾向于尽可能多地向消费者提供公共物品或服务的成本信息，以便社会公众愿意向其纳税，支付消费成本。但在现实生活中，地方政府并非处于完全竞争市场之中，没有积极主动公开预算信息的动力。政府官员掌握着公共资源和公共权力的绝对信息优势，在公共物品生产和消费中拥有双边信息垄断优势，可以运用这种信息垄断优势轻松地谋求自身利益，而非以社会公众利益为重。基于经济人假设的自利特征，政府官员为了保持这种信息垄断优势，不愿意过多向社会公众传递预算信息，会选择隐匿其拥有的真实公共资源和负担的公共成本，迫于舆论压力而有选择性地向社会公众传递预算信息，甚至传递扭曲的预算信息。社会公众处于信息劣势地位，难以全面了解公共物品或服务的真实成本，对政府官员披露的为数不多的信息也无法进行有效甄别。

在较长的时间里，我国政府预算曾被视为"国家秘密"，仅向政府内部的官员问责提供信息（张琦和吕敏康，2015；李建人，2015）。预算信息不透明，社会公众就不清楚公共资金用到何处以及为何这样使用，无法有效地发现问题和约束政府行为，政府官员则有过度使用预算自由裁量权的冲动（邓淑莲，2016），如通过隐匿关键或详细的财政预算信息，在公共物品生产成本和社会公众消费方面形成双边信息垄断，通过高估冒算、随意调整预算和违规收支预算资金等，超实际需求争取预算资金，突破预算约束。

2.1.4　地方政府竞争理论：财政竞争与政治晋升竞争

改革开放以来，中国经济实现了高速增长，一跃成为世界第二大经济体。这种"经济奇迹"极大地引起了学术界的关注，研究发现地方政府作为重要的参与主体，发挥了不可替代的作用。中国式财政分权体制具有"政治上集权，经济上分权"的明显特征，这为通过竞争的方式激励地方政府促进经济增长提供了制度基础。具体说来，其主要分为财政竞争和政治晋升竞争。然而，这也不可避免地产生了一些负面效应。

2.1.4.1　财政竞争

Tiebout（1956）提出了财政分权下的"用脚投票"理论，认为在完全竞争市场中，地方政府应当竭尽全力提供最佳的财政收支和公共服务；否则，辖区内的居民会通过自由流动，而迁移到其他令人满意的地区，导致本辖区内的人口和税收流失。这一理论仍然适用于解释我国当前的地方政府财政竞争行为。地方政府间进行财政竞争，具有初始资源禀赋和政策优势的地区往往具有先天的优势（范方志和汤玉刚，2007），确实会有助于提高辖区公共物品供给的效率，但也带来了负面影响。一是竞争主要集中于经济增长所需的生产要素领域（周业安，2003），其中较为明显的是，各地方政府为争夺招商引资的经济资源而过度地投入基础设施建设，明显地扩大财政支出或扭曲公共支出结构，尤其轻视人力资本投资和公共服务提供（傅勇和张晏，2007）。二是中央与地方政府之间的财权与支出责任并不能有效匹配，地方政府本来就有天然的财政压力。地方政府间的财政竞争行为，为地方政府突破既有的预算收入约束，增加预算外收入，扩大财政支出，提供了客观理由。

2.1.4.2　政治晋升竞争

在中国式财政分权体制下，政府官员积极主动地采取竞争行为，不仅是为了吸引或者留住经济资源来推动地区更好地发展，更为内在的激励机制是与经济发展水平挂钩的官员晋升考核机制。Blanchard 和 Shleifer（2001）指出，中国式财政分权中，虽然经济上实现了财政分权，但地方政府官员的奖惩权力仍然归中央政府所有。周黎安（2004，2007）对我国地方政府官员的晋升激励机制进行研究后，形象地提出了"官员晋升锦标赛"理论，理论核心为官员的升迁与当地经济发展有关。由于"官员晋升锦标赛"的主要特征是衡量参赛者之间的相对位次而非绝对成绩（周飞舟，2009），这一激励机制使得官员有很强的动机去追求和提升经济排名，以期增加晋升机会。虽然客观上促进了辖区经济发展，但也衍生了一系列问题。较为突出的是，地方政府为确保辖区经济在晋升考核中处于优势地位，极易过度追求经济排名而进行非和谐竞争，甚至不惜牺牲地区长远发展利益，如地方政府间的重复建设、巨额举债过度投资、政策短视（刘瑞明和金田林，2015）、偏向型竞争（吴延兵，2018）等。因此，在这种晋升激励下，行政竞争转化为经济竞争，财政成为地方政府官员提升经济排名的重要抓手。为了在短期内快速提升经济发展水平，部分地方政府官员不惜突破既有的预算约束，不顾后果地融资举债，采用片面和短视的财政手段刺激经济增长，造成了财政预算的扭曲。

2.1.5 公共财政理论和整体性治理理论：节用裕民

2.1.5.1 公共财政理论

市场存在失灵状态，需要依靠政府的力量来弥补市场失灵导致的公共物品供给缺口，财政的作用也随着市场经济的发展而不断凸显。美国财政学家理查德·马斯格雷夫在《公共财政理论》中阐释了政府的财政职能，主要为稳定经济、收入分配和资源再配置，这为研究我国财政作用提供了理论参考。1998年12月，全国财政工作会议明确提出构建公共财政的基本框架，实现公共财政理论的本土化，国内学者对此进行了广泛的研究。我国的国家性质是人民民主专政，实行的是社会主义市场经济，社会主义财政要坚持以人民为中心的财政理念，通过履行政府职能来满足社会公众的需要，做到裕财为公、理财为民（刘尚希和史卫，2012；邓力平 等，2020；白彦锋，2020）。预算作为财政的重要组成部分，其安排和使用更应体现人民的意志，满足人民群众的美好生活需要。尤其在财政压力下，政府带头"过紧日子"，缩减非必要的财政支出，用政府的"节"保证公众的"裕"。治理非合理化的预算安排和预算执行，成为政府花钱问效的重要方式。

2.1.5.2 整体性治理理论

公共管理领域中的治理理论，是一种不同于传统统治理论的新理论。治理理论的核心是服务，而非依靠政府的权威和制裁；治理的本质是在公共利益目标体系下，政治国家与公民社会进行有效合作，协同应对和处理公共事务的过程。20世纪后期，在政府职能和规模不断扩张的背景下，政府部门各自为政，难以协调组织关系，功能日渐碎片化，公共服务日渐分散（翁士洪，2010）；加之信息化、数字化技术的发展，整体性治理理论应运而生。1997 年，英国学者佩里·希克斯在《整体政府》中，首倡整体性治理理念；同年，英国的托尼·布莱尔执政的工党政府，将其作为政府改革纲领。作为一种全新的治理模式，其对新公共管理理论进行了修正，主要表现为以公众需要和公众服务为中心，把民主价值和公共利益放在首要位置，而非突出"管理主义"，注重国家治理的协同性和整合性。具体而言，整体性治理理论从政府内部机构和部门整体性运作出发，借助信息技术对治理层级、功能、组织关系等碎片化问题进行有机的协调整合，构建政府、市场与社会协作运转的治理网络，为社会公众提供非分离的、无缝隙的整体性公共服务，不断提升满足公众需求的效能。

1999 年英国政府出版《现代化政府》白皮书，推行整体政府改革十年规划。这一模式被迅速推广，澳大利亚、新西兰政府推进的整体政府建设实践成为主要代表。整体性治理理论的应用对我国推进国家治理体系和治理能力现代化也具有借鉴意义。党的十八届三中全会就提出，"财政是国家治理的基础和重要支柱"。这一具有历史和理论高度的新论断，是在国家治理的语境下提出的，并首次将财政与国家治理联系起来，明确了财政在推进国家治理体系和治理能力现代化中的重要地位（李燕和王晓，2016）；党的十九大报告再次强调"不断推进国家治理体系和治理能力现代化"。国家治理作为一种全方位的综合治理，是通过多方参与、上下互动协调的方式共同提高政府、市场和社会的资源配置效率，构建包括经济、政治、文化等领域相互协调的国家制度（李林，2014）。

基于此，公共财政理论和整体性治理理论，为我国国家治理和政府预算治理体系研究提供了理论借鉴。首先，我国是人民当家作主的国家，坚持国家财政的人民性是国家治理的必然要求，也是公共财政理论中的民主性和公共性的体现，预算安排和使用更是要坚持"节用裕民"理念。其次，我国实行的是政府主导的多头预算体制，随着政府规模和职能的扩展，政府预算呈现出明显的预算权力和功能、预算程序、预算信息系统的碎片化特征（刘书明和余燕，2020）。其主要表现为各部门自行编制预算的碎片化管理方式，必然会导致各部门基于自身利益最大化来制订预算计划，从而引致预算冲突，破坏部门间的合作；预算程序的分散化、政策制度与预算主体分离，使得资金分配计划缺乏全局观和整体性，预算编制准确性降低，在执行过程中往往会根据领导意愿频繁调整预算；囿于信息技术使用不充分和管理制度不完善，各部门之间存在着明显的信息壁垒，预算信息常常成为"信息孤岛"，监督部门往往难以掌握全面有效的预算情况，预算治理信息也呈现出碎片化特征（曾凡军和王宝成，2010）。此外，也需要在以公众需求为导向的原则下，构建一整套包含预算法律规则、运作机制、监管制度等的预算治理体系，从体制机制方面构建协同治理长效机制，拓展多元主体参与预算治理的渠道，这与整体性治理理论的整体性思维相契合。坚持整体性预算治理，可以利用信息技术等来协调、整合众多预算参与者，实现跨域和跨部门的预算合作，突破新公共管理模式下的碎片化管理困境。在该预算治理模式下，要求立法监督机构、政府预算管理机构、审计部门、社会组织和媒体公众等预算治理主体之间，通过加强协作来实现共同监督，促使政府预算行为更为合理、合法和有效，实现"节用裕民"[1] 的财政效能。

2.2 地方政府预决算偏离治理：制度体系与治理机制

2.2.1 地方政府预决算偏离治理的制度体系

为保证地方政府代理人的政府预算安排和执行符合公众委托人的意愿，约束地方政府潜在的最大化预算自由裁量权、预算机会主义等行为，各国都设置了相应的预算监督制度。当前，世界上主要的预算监督模式有立法型预算监督（英、美、澳等国家）、司法型预算监督（法国）、行政型预算监督（瑞典和韩国）和独立型预算监督（德国、日本）（李建军和李慧，2012）。我国采用的是多元化的预算监督制度，已初步构建了由法律制度[2]、立法机关、行政机关、社会公众等组成的预算监督体系（如图2-2所示）。具体说来，一是制定和完善了预算监督的相关法律，为不同预算监督主体开展监督活动提供了法律依据；同时以《预算法》的形式规定了政府的所有预算行为，使得政府进行的预算活动必须在法律的规定

之内，有效地约束了政府财政行为。二是我国宪法和相关法律赋予了人大预算审查批准和监督的职权，人大具有法定的预算监督权，在制度设计上处于预算监督的核心地位。三是国家审计作为权力制约权力的重要制度安排，须对本级部门和财政预算执行情况进行审计监督，属于事后检查式的监督，是政府财政预算的"体检人"和国家财产的"看门人"，在预算监督中起主导作用。四是财政部门内部设置的监督制度，着力于财政资金运动的"内部"和"过程"，主要在于事前和事中进行内控内审监督，是政府内部自觉监督预算行为的有效方式，但易与"外部"审计监督重复交叉。五是社会公众作为委托人，是监督政府预算行为是否合意的重要主体；社会监督拥有广泛的参与者，监督方式灵活且涉及领域广，是国家实现善治不可或缺的一环。

财政内部监督是财政部门内部权力运行的制约措施，更多体现为内部控制。本书主要选择从法律制度、立法机关、审计机关和社会监督的维度来探究预算监督制度的治理效应。

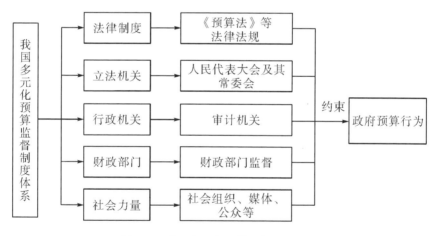

图 2-2　我国多元化预算监督制度体系

2.2.2　地方政府预决算偏离治理的机制分析

2.2.2.1　预算法治对地方政府预决算偏离的治理机制

预决算偏离表现为批准的收支预算与实际收支决算之间的差异。理论上，造成预决算偏离的直接原因为预算编制的质量不高和预算执行约束力不足。

就预算编制而言，新《预算法》明确要求政府的全部收入和支出都应当纳入预算，实行全口径预算管理；并规定各级政府、各级部门、各单位的支出必须以经批准的预算为依据，未列入预算的不得支出。同时，新《预算法》要求地方债务纳入预算管理，并对债务的举借、用途和偿还进行了规定。这促进了政府预算的全口径管理，提高了预算编制的可预测性。此外，预算编制要求参考支出绩效评价结果，征求各方面意见，并且必须与财政政策相衔接，有助于进一步提升预算编制的科学性和合理性。

就预算执行而言，新《预算法》以"规范政府收支行为，强化预算约束，加强预算的管理和监督"为立法目的，并对预算的执行进行严格规定。要求部门和单位的预算执行主体对执行结果负责；申明不得擅自改变预算支出的用途，并要求对预算支出情况开展绩效评价；在预算收入方面，明确规定各级政府不得向预算收入征收部门和单位下达收入指标。新《预算法》第五十二条明确规定了部门预算批复时间、转移支付的下达时限，促进预算资金及时到位、有序执行，增强预算执行力，降低预决算偏离度。因此，本书推测新《预算法》的实施有助于降低地方政府预决算偏离度。

2.2.2.2　人大监督对地方政府预决算偏离的治理机制

人大作为人民群众民主选举产生的权力机关，是人民当家作主的直接体现，代表着人民群众的利益，需要对人民负责。赋予人大预算审查监督职权，有助于弱化地方政府在预算安排和资金使用上的信息垄断，缓解地方政府与社会公众之间长期存在的信息不对称，使政府的预算安排能更好地满足人民群众的美好生活需要，减少预决算偏离行为。人大监督对地方政府预算收支行为的影响，主要体现在以下两个环节上。

一是预算审查环节。人大预算审查集中体现在年初人代会时，本级人大代表针对政府提交的财政预算草案和执行情况进行审议并发表建议，相关部门须对人大代表的建议或议案进行回复和办理。人大也拥有对预算的修正权，可以依法对政府所提交的预算草案进行修正，从制度设计上为进一步提高预算安排质量提供了条件。

二是执行监督环节。年初人代会审查批准的财政预算，是政府执行本年度预算的依据。人民代表大会赋予了本级人大常委会在人代会闭会期间监督预算执行的权力。人大代表在人代会上所提建议，成为闭会期间人大常委会履行监督职能的重要内容。人大行使撤职权等刚性监督方式形成的问责效应，会对地方政府官员潜在的违规行为产生震慑，减少预算执行中非合理化的偏离行为，保证财政资金切实用于满足人民群众的美好生活需要。

2.2.2.3 审计监督对地方政府预决算偏离的治理机制

国家审计形成的行政监督制度，作为依法用权力监督制约权力的制度安排（刘家义，2015），是实现地方政府预算治理的重要保障。习近平总书记在中央审计委员会第一次会议的重要讲话中就明确指出，"认真整改审计查出的问题，深入研究和采纳审计提出的建议"，要以审计监督的力量促进各领域政策措施和制度规则的完善。新时代，地方政府认真整改审计查出的问题，深入研究和采纳审计提出的建议，完善各领域政策措施和制度规则，成为审计发挥"治已病、防未病"作用的重要方式。

本书以国家审计治理体系为基础，从审计机关建议权的视角考察国家审计如何实现对地方政府的预算治理作用。理论上，审计建议采纳的制度完善效应、审计整改的行为纠偏效应、审计问责的震慑效应使国家审计对地方政府预决算偏离行为具有矫正作用。第一，审计建议采纳的制度完善效应使地方政府认真研究和采纳审计建议，既有助于被审计单位制定或完善规章制度，也可以促进立法机关制定或修改法律法规，及时堵住制度和管理的漏洞，提升地方政府预算编制的科学性和预算执行的规范性。第二，审计建议有助于推动被审计单位将具体问题的整改措施与完善规章制度相结合，将审计整改措施落到实处，及时有效地纠正地方政府预算执行中的非合理化收支行为，降低地方政府收支预决算偏离度。第三，审计机关具有建议给予行政处分权，可以通过移送移交处理事项实施国家审计的问责机制。这有助于引发上级部门或者纪检监察机构对官员违规行为进行行政责罚，对相关官员的个人声誉和政治前途产生不利影响，地方政府官员会因审计监督具有的震慑效应，减少财政预算编制和使用过程中的违法违规行为。第四，在新形势下，为推动审计监督发挥好"治已病、防未病"的重要作用，自2012年起各省份人大纷纷建立审计查出突出问题整改情况向本级人大常委会报告机制。该审计整改报告机制，将审计查出突出问题整改情况与人大审查监督地方政府、部门预算决算工作结合起来，有助于提升审计整改力度和人大审查批准预决算的权威性。审计机关通过借助人大权力机关的监督力量，也有助于增强审计成果运用效果，强化国家审计对地方政府收支预决算偏离的治理效应。

2.2.2.4　社会监督对地方政府预决算偏离的治理机制

新时代，政府公开预算信息成为建立现代财政制度的内在要求，也是社会公众进行有效监督的必要基础和重要着力点。但社会公众与政府官员在公共财政资金使用上是一种委托代理关系（张琦和郑瑶，2018），政府官员在公共物品生产和消费中具有"双边信息垄断能力"（Gonzalez and Mehay，1985）。财政预算信息公开作为公众评价政府绩效、监督政府行为的重要信息来源（Brusca et al.，2018），可以帮助社会公众有效地了解地方政府财政收支行为，缓解公众与政府之间的信息不对称，减少地方政府过度使用预算自由裁量权的可能，从而提升政府预算治理能力（叶满城和刘爽，2020；王汇华，2020）。

理论上，公开财政预算信息，一方面可以确保社会公众的知情权、参与权和监督权，缓解政府与公众之间的信息不对称。社会公众依据政府公开的预算信息，能够了解公共资金使用的决策过程与结果，判断地方政府是否按照公众的利益行事，约束预算执行单位或官员突破预算的不合理行为。另一方面，地方政府对公开的预算信息内容负有责任，社会公众对公开信息进行质疑而产生的社会舆论，会影响地方政府和官员的政治声誉，更有可能引来横向或上级监督机制的问责。这对地方政府官员可能存在的违规行为具有威慑作用，有助于促使地方政府官员相对规范合理地编制和执行预算。

2.3　地方政府预决算偏离测度和特征事实

2.3.1　地方政府预决算偏离的测度方法

自高培勇（2008）提出关注预算偏离后，国内研究者已从规范和实证的层面，对预决算偏离的成因、影响等进行了多维度的研究。但囿于数据不足，大多数研究集中于理论分析层面和定性描述上，加之对预算数据缺乏深入的了解，大多数文献使用的预决算偏离测度口径对分析我国地方政府预决算偏离的客观规律尚有不足。

近年来，已有学者关注到测度地方政府预决算偏离时（李建军和刘媛，2020；吕冰洋和李岩，2020），应基于年初预算数而非执行过程中的调整预算数。原因在于年初预算数是地方政府在年初编制年度预算后，提交本级人民代表大会审查批准通过的预算数，是本年度预算执行的初始法律依据；而调整预算数是年度预算在执行过程中，确因实际需要而进行的预算调整，由本级人大常委会审查批准通过，而且一年中可以进行多次预算调整，年底还有报人大预算审查批准的变动预算数。对比数据可以进一步发现，年初预算数与调整预算数之间往往存在着明显差异。因此，基于调整预算数来测度的预决算偏离，略去了年初预算到调整预算时的变动情况，仅刻画了预算调整后的偏离行为，是窄口径下的局部偏离，从时间上来看更接近于预算执行完成度；而基于年初预算数测度的地方政府预决算偏离行为，刻画了从年初预算到次年决算的完整预算年度的偏离，是全口径下的全过程偏离。

本书借鉴高培勇（2008）、李建军和刘媛（2020）等的思路，采用地方预决算偏离度来衡量地方财政预算与实际决算之间的差异程度。为实现全过程地考察地方政府预算年度内的预决算偏离行为，本书通过各地区政府、人大官网公开的财政预算报告手工整理了各省份的年初预算数，选择基于年初预算数计算地方政府预决算偏离度。此外，由于正向偏离和负向偏离都属于预决算偏离，本书以预决算偏离的绝对值与年初预算数之比来衡量偏离程度，具体计算公式为

收入预决算偏离度 = │收入决算数 – 收入年初预算数│/收入年初预算数

支出预决算偏离度 = │支出决算数 – 支出年初预算数│/支出年初预算数

需要说明的是，本书年初预算数是省、市财政部门年初在本级人民代表大会上报告并经过审查和批准的年度预算数；而调整预算数是在预算实际执行过程中，根据实际情况进行调整后的预算数，调整预算需要报地方人大常委会审查批准，为《中国财政年鉴》中的"预算数"。决算数是指本级政府结算对账后的定稿数，审查批准时间一般为次年 7—8 月，为《中国财政年鉴》中的"决算数"。针对政府预决算偏离是否存在较为合理的偏离区间，目前美国等发达国家的预决算收支偏离控制在 3% 以内，许多学者认为国际上较合理的预决算偏离范围在 5% 以内（肖鹏和樊蓉，2021；韩曙，2017；赵海利和吴明明，2014）。

2.3.2　中央及地方政府预决算偏离的特征事实

党的十九大报告明确提出，"建立全面规范透明、标准科学、约束有

力的预算制度"。约束有力的预算制度，要求无预算不得支出，预算执行应尽可能与预算批准保持一致。然而，地方政府存在预算编制时高估冒算、预算执行时随意调整，以及违规开支公务费用等行为，不可避免地损害了政府预算的权威和约束力，这些最终都表现在预算和决算出现的差异上。如从每年中央和地方政府的财政预算执行审计发现的问题中，可以发现"预算编制科学性、准确性不够""预算收支项目变动较大""预算执行效率低、不够严肃规范""预算数与执行结果差异较大"等成为屡屡出现的字眼，这可以从宏观角度定性理解我国中央与地方政府，在预算编制、执行等环节存在较为突出的偏离问题，影响着预算治理效果。

尽管中央和地方政府都存在较突出的预决算偏离现象，但我国实行的是"一级政府、一级预算"的预算管理制度，不同行政层级的预算主体和服务对象不同，其偏离行为可能具有不同的特征。接下来，本节将基于年初预算数来测度全国、省级、市州层面的预决算偏离程度，阐释不同预算层级的偏离特征，尽可能全面地刻画我国政府预决算偏离的特征事实。由于我国 2007 年进行了政府收支分类改革①，对收入和支出分类做出较大调整。为保证测度结果的可比性，本书样本时间为 2008—2020 年，主要分析2008 年之后财政预算的偏离情况。同时，基于数据可得性和可比性，本书以我国 30 个省份（不含西藏和港澳台地区，下同）地方财政一般公共预算为研究对象，样本地区决算数、调整预算数来自历年的《中国财政年鉴》。各省份和市县的年初预算数来源于本级人民政府官网、财政部门、本级人大官网等公开的财政预算报告，由笔者手工收集整理所得。

2.3.2.1　全国一般公共预算收入、支出偏离情况

（1）全国一般公共预算总体分析

对全国预算的偏离情况进行分析，有助于从总体上把握我国一般公共预算的收入、支出预决算偏离程度。本书通过收集历年的中央财政预决算报告数据，基于年初预算数测度了 2008—2020 年全国一般公共预算收入、支出预决算偏离程度，如图 2-3 所示。

---

① 2007 年以前，非税收入的口径主要包括国有资产经营收益、国有企业计划亏损补贴、行政性收费收入、罚没收入、土地和海域有偿使用收入、专项收入、其他收入；2007 年及以后，非税收入包括专项收入、行政性收费收入、罚没收入、国有资本经营收入、国有资源（资产）有偿使用收入、其他收入。

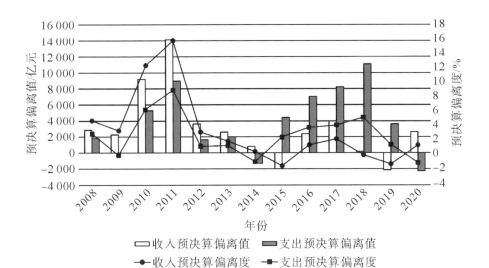

图 2-3　2008—2020 年全国一般公共预算收入、支出预决算偏离

数据来源：根据 2009—2020 年《中国财政年鉴》、中央预决算报告相关数据计算得出。

①偏离程度。收入预决算偏离度仅 2015 年、2019 年小于零，出现"短收"；支出预决算偏离度仅 2014 年、2020 年小于零，出现"短支"。其余年份，收入、支出的预决算偏离度均大于零，即全国一般公共预算主要处于"超收"和"超支"状态。并且 2012 年之前，全国一般公共预算的"超收"偏离度均值达到 9.1%，部分年份超过 12%；"超支"偏离度均值为 4.5%，部分年份超过 6%。2012 年之后，收入和支出的偏离度有所下降，支出偏离较为明显。总体而言，全国一般公共预算收入的预决算偏离度均值为 3.5%，虽略高于支出的预决算偏离度均值 2.8%，仍处于国际上较为通行的合理范围 5% 以内。

②绝对规模。就全国一般公共预算的收入而言，"超收"规模远远大于"短收"规模，2011 年已达 14 000 亿元，当年一般公共预算的收入预算数为89 720 亿元，超预算收入程度接近 16%；而 2019 年"短收"规模仅 2 000 亿元，"短收"程度仅约 1%。就一般公共预算的支出而言，"超支"规模也远远大于"短支"规模，最高时于 2018 年达到 11 000 亿元，当年一般公共预算的支出预算数为 209 830 亿元，超预算支出程度已达 5%；2020 年的"短支"规模仅 2 100 亿元，"短支"程度不足 1%。可以发现，"短收"和"短支"年份的预决算偏离程度均在 5% 的合理范围内，属于正常的预决算偏离现象。但"超收""超支"年份的预决算偏离度容易高于 5%。

③变化趋势。2008—2020年全国一般公共预算收入、支出偏离程度呈现阶段性变化。以2014年为分界点，全国一般公共预算的收入与支出偏离程度的相对大小，呈现截然不同的特征。2014年之前，全国一般公共预算的收入预决算偏离程度均高于支出预决算偏离程度；2014年之后，支出预决算偏离程度远高于收入预决算偏离程度。这种逆转可能冲击着"超收决定超支论"，同时也可能意味着影响政府"超支"行为的主要因素发生了转变，或是有其他尚未引起重视的因素在产生作用。此外，2020年收入预决算偏离程度又略高于支出预决算偏离程度。可能的解释是，2020年受新冠疫情影响，国内和国际经济均受到冲击，4月份疫情得到控制后才全面复工复产，年初收入预算安排较为保守，财政支出预算成为治理突发重大公共危机的重要支柱，依然坚挺。由于预算执行时，我国经济率先从新冠疫情冲击中恢复，政府积极推动复工复产和促进经济发展，保持了较高的经济增速，全国一般公共预算收入得以实现并有小幅度"超收"，支出执行数比预算数略有节余。但尽管2020年出现了"超收"状态，2020年全国一般公共预算的收入决算数为182 913亿元，仍低于2019年的190 390亿元，因此可以看出"超收"的主要原因可能是在疫情和减税降费政策的双重影响下，全国一般公共预算收入的年初预算数更加保守。就年度变动趋势而言，2008—2011年全国一般公共预算的收入、支出预决算偏离度呈现深V趋势。主要原因是受2008年国际经济危机的影响，全球各国经济迅速下滑，在此冲击下，2009年我国一般公共预算的收入、支出的预算数和执行数均出现下降，预决算偏离程度出现明显低谷；随着应对经济危机的财政、金融等经济刺激政策的出台，全国一般公共预算收入和支出明显增加，偏离程度也随之增加并于2011年达到最大。2012—2014年，我国经济开始进入新常态，经济增速逐渐放缓，财政收入和财政支出的增速下降；加之，党的十八大以来，党中央明确提出加强财政预决算的监督和高度重视反腐倡廉工作，全国一般公共预算收入、支出偏离程度迅速降低并进入平缓期。2015—2018年，全国一般公共预算收入、支出偏离程度虽又持续扩大，但保持在5%的合理范围内。可能的原因为，实施更加积极的财政政策推动了"超支"规模的扩大；随着减税降费政策的实施，"放水养鱼"效果逐渐得到落实，2017年后"超收"规模开始下降。2019—2020年，全国一般公共预算收入、支出偏离程度在零附近波动，且偏离度均小于2%，为经济环境出现波动而产生的正常偏离。可以看出，就时间变化

趋势而言，全国一般公共预算收入和支出偏离程度的变动受经济形势、党中央决策部署、改革政策等影响较人。

（2）中央与地方汇总一般公共预算偏离差异分析

由于全国总预算是由中央预算和各地方总预算构成的，为深入理解我国不同预算层级的偏离状况，本节将探究中央预算和地方汇总预算的偏离差异。本书运用收集的年初预算数和《中国财政年鉴》数据，测度了2008—2020 年中央和地方汇总一般公共预算收入、支出预决算偏离度，如图 2-4 和图 2-5 所示。

从中央和地方汇总一般公共预算的收入偏离度来看（见图 2-4），中央一般公共预算的收入预决算偏离度大部分年份在 2% 以内，2010 年和2011 年受经济刺激政策影响而出现大的偏离。地方汇总一般公共预算的收入预决算偏离度的年度变动均值接近 3%，历年变动趋势与中央预算几乎一致；但 2012 年之前，地方汇总一般公共预算的收入偏离度大多高于中央，2012 年之后收入预决算偏离度明显收窄，基本在 2% 的合理范围以内。这可能与党的十八大以来不断深化财政预算改革、加强预决算治理等决策部署有关，地方政府预算行为逐渐规范。

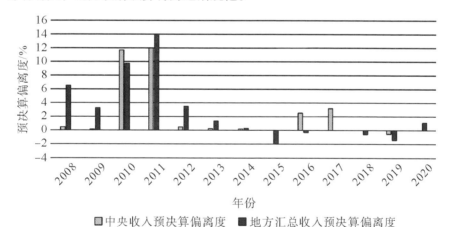

图 2-4　2008—2020 年中央和地方汇总一般公共预算收入预决算偏离度差异

数据来源：根据 2009—2020 年《中国财政年鉴》、中央预决算报告相关数据计算得出。

从中央和地方汇总一般公共预算的支出偏离度来看（见图 2-5），中央一般公共预算的支出预决算偏离度，除 2008 年外，其余年份均在 4% 的范围以内，且预算略有节余的年份较多。地方汇总一般公共预算的支出预决算偏离主要表现为"超支"，且偏离度明显高于中央预算，如 2010 年、2011 年、2016 年、2017 年、2018 年均超过 5%，但 2019 年"超支"趋势开始明显回落。

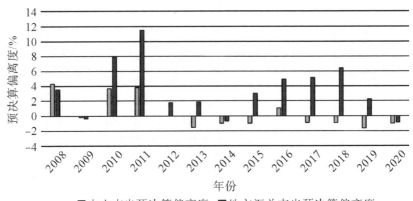

图 2-5　2008—2020 年中央和地方汇总一般公共预算支出预决算偏离度差异

数据来源：根据 2009—2020 年《中国财政年鉴》、中央预决算报告相关数据计算得出。

可以发现，无论是收入层面，还是支出层面，地方汇总一般公共预算的偏离度都明显高于中央。为进一步了解我国地方一般公共预算的收入、支出预决算偏离特征，有必要对各省份的全省层面[①]的预决算偏离情况进行分析。

2.3.2.2　全省层面一般公共预算收入、支出偏离分析

进一步地，本节对各省份的全省层面一般公共预算收入和一般公共预算支出的偏离程度进行测度，讨论全省层面预决算偏离特征。基于数据可得性，本书研究样本中未考察西藏自治区、台湾地区、香港特别行政区和澳门特别行政区。

（1）偏离分布

首先，本书基于年初预算数，测度了样本省份 2008—2020 年一般公共预算的收入、支出预决算偏离程度。为直观地了解全省层面收入、支出预决算偏离分布情况，本书绘制了如图 2-6 所示的密度分布图。从图 2-6 中可以看出，就收入预决算偏离而言，正向偏离和负向偏离程度较为相当，表现为均值接近于 0 的正态分布，符合受经济环境因素影响产生波动的特

---

① 全省层面预算包括省级预算和市州汇总预算。

征。就支出预决算偏离而言，偏离度均值约为22%，呈现明显的右偏，这意味着各省份一般公共预算的支出以明显的"超支"为主。

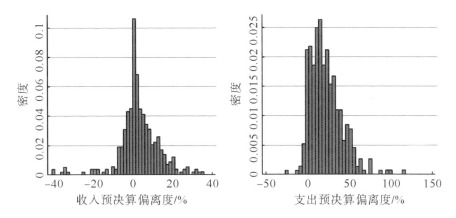

图2-6　2008—2020年各省份一般公共预算收入、支出预决算偏离密度分布

数据来源：根据2009—2020年《中国财政年鉴》、各省份财政预算报告和决算报告相关数据计算得出。

（2）省际差异

从图2-6可以看出，全省层面的一般公共预算收入"超收"与"短收"行为大致相当，波动范围略小；但全省层面一般公共预算的支出预决算偏离度总体均值较大，波动范围也较大，省际差异可能较大。为进一步探究各省份之间的偏离差异，本书测度了各省份2008—2020年的偏离度，主要考察了各省份预决算偏离度的均值、标准差、最小值和最大值，如图2-7和图2-8所示。

就全省层面的一般公共预算的收入预决算偏离度差异（见图2-7）而言，①从均值来看，2008—2020年各省份偏离度均值差异不大，在-16.4%~8.4%之间，仅辽宁、天津、内蒙古三省份均值小于零，其余省份的偏离度均值表现为"超收"。其中，安徽历年的"超收"均值最高，内蒙古历年的"短收"均值最高，吉林历年的偏离度均值最低。②从标准差来看，各省份偏离度标准差的均值为8.6个百分点，表明各省份收入预决算偏离的年度差异较小，分布较集中。内蒙古历年收入预决算偏离度的标准差最大，分布较分散，年度差异最大；上海收入预决算偏离度的年度差异最小，仅为4个百分点。③从最小值和最大值来看，通过最大值与最小值之差可以发现，各省份历年收入预决算偏离波动幅度的均值约为29%，其中波动最大的是湖北，最大值与最小值之间波动幅度已达 60%；波动最小的是上海，幅度仅为 14.5%。总体而言，各省份一般公共预算的收入预决算偏离度差异相对较小，但除山东、黑龙江、吉林、辽宁外，其余省份的偏离度都超出了 2% 的范围，远高于中央一般公共预算的收入预决算偏离度。

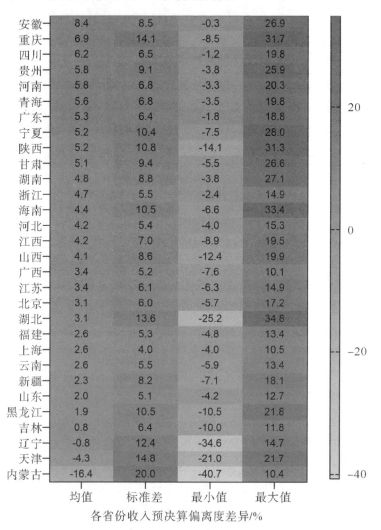

	均值	标准差	最小值	最大值
安徽	8.4	8.5	-0.3	26.9
重庆	6.9	14.1	-8.5	31.7
四川	6.2	6.5	-1.2	19.8
贵州	5.8	9.1	-3.8	25.9
河南	5.8	6.8	-3.3	20.3
青海	5.6	6.8	-3.5	19.8
广东	5.3	6.4	-1.8	18.8
宁夏	5.2	10.4	-7.5	28.0
陕西	5.2	10.8	-14.1	31.3
甘肃	5.1	9.4	-5.5	26.6
湖南	4.8	8.8	-3.8	27.1
浙江	4.7	5.5	-2.4	14.9
海南	4.4	10.5	-6.6	33.4
河北	4.2	5.4	-4.0	15.3
江西	4.2	7.0	-8.9	19.5
山西	4.1	8.6	-12.4	19.9
广西	3.4	5.2	-7.6	10.1
江苏	3.4	6.1	-6.3	14.9
北京	3.1	6.0	-5.7	17.2
湖北	3.1	13.6	-25.2	34.8
福建	2.6	5.3	-4.8	13.4
上海	2.6	4.0	-4.0	10.5
云南	2.6	5.5	-5.9	13.4
新疆	2.3	8.2	-7.1	18.1
山东	2.0	5.1	-4.2	12.7
黑龙江	1.9	10.5	-10.5	21.8
吉林	0.8	6.4	-10.0	11.8
辽宁	-0.8	12.4	-34.6	14.7
天津	-4.3	14.8	-21.0	21.7
内蒙古	-16.4	20.0	-40.7	10.4

各省份收入预决算偏离度差异/%

图 2-7　2008—2020 年各省份一般公共预算收入预决算偏离度差异

数据来源：根据 2009—2020 年《中国财政年鉴》、各省份财政预算报告和决算报告相关数据计算得出。

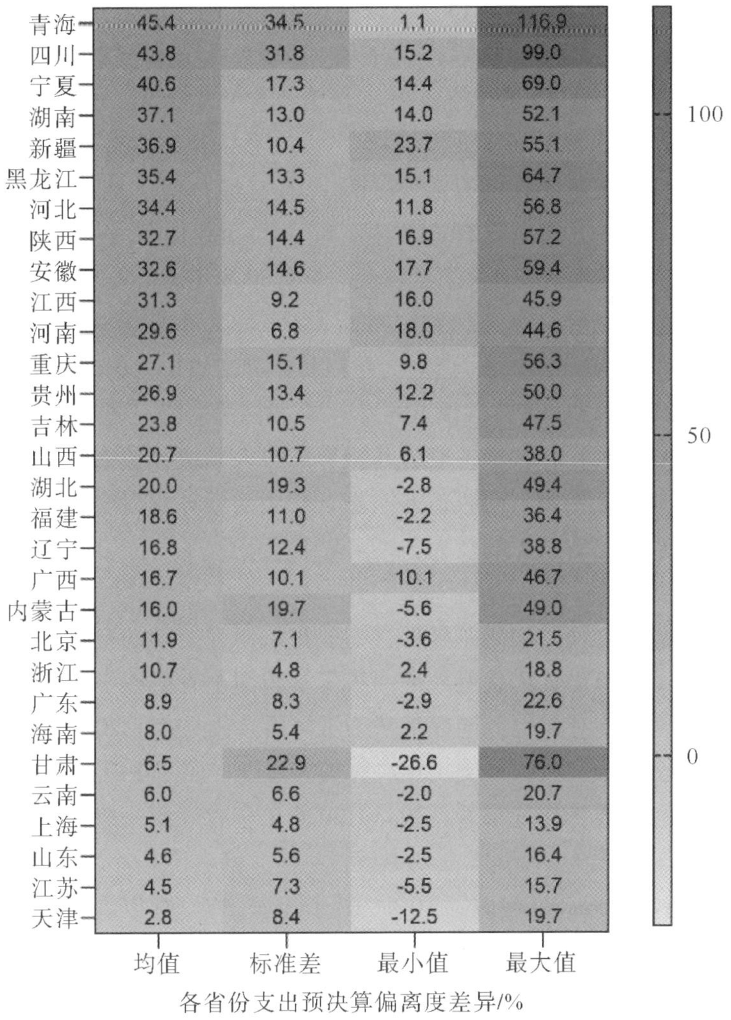

图 2-8 2008—2020 年各省份一般公共预算支出预决算偏离差异

数据来源：根据 2009—2020 年《中国财政年鉴》、各省份财政预算报告和决算报告相关数据计算得出。

就全省层面一般公共预算的支出预决算偏离度差异（见图 2-8）而言，①从均值来看，2008—2020 年各省份偏离度均值差异很大，在 2.8%~45.4% 之间，仅山东、江苏、天津的偏离度均值小于 5%，其余省份的年度偏离度均值表现为很大程度的"超支"。其中，青海历年的"超支"均值最高，天津历年的"超支"均值最低。②从标准差来看，各省份偏离度标准差的均值约为 13 个百分点，表明各省份支出预决算偏离度的年度差异较大，分布较分散。青海历年支出预决算偏离度的标准差最大，年度差异最大；浙江和上海支出预决算偏离度的年度差异最小，仅为 4.8 个百分点。③通过最大值与最小值之差可以发现，各省份历年支出预决算偏离波动幅度的均值约为 41%，其中波动幅度最大的是青海，最大值与最小值之间波动幅度已达 115.8%，这可能由于青海 2010 年发生"4·14"玉树地震，灾后重建等转移支出增多，四川支出预决算偏离度较大也受到 2008 年汶川大地震的影响；波动最小的是浙江和上海，幅度为 16.4%。总体而言，各省份一般公共预算的支出预决算偏离度差异较大，但除天津以外，其余省份的偏离度都超出 4% 的范围，远高于中央一般公共预算的支出预决算偏离度。

综上可以发现，各省份一般公共预算的收入预决算偏离度、支出预决算偏离度明显高于中央，同时地方汇总一般公共预算偏离度的省际差异是较突出的，而且受省情影响较大。

（3）年度变动

分析各省份之间的偏离差异后，本节将从年度变动的视角来探究全省层面一般公共预算的偏离状况，进一步了解我国全省层面一般公共预算收入、支出偏离的变化趋势。同样，基于年初预算数测度了 2008—2020 年全省层面一般公共预算收入、支出预决算偏离程度，如图 2-9 所示。

就收入预决算偏离度来看，2008—2020 年全省层面一般公共预算的收入预决算偏离表现为"超收""短收"并存，偏离度较小，仅 2010 年和 2011 年"超收"偏离度突破了 10%，其余年份多在 5% 以内；且总体呈现波动下降趋势，尤其是 2012 年之后，收入预决算偏离围绕零波动，偏离度更是在 3% 以内。就收入预决算偏离的绝对规模而言，年度变化趋势也与偏离度一致，2011 年收入预决算偏离绝对值达到最高，仅为 200 亿元左右。

就支出预决算偏离度来看，2008—2020 年全省层面一般公共预算的支出预决算偏离均表现为"超支"，除 2020 年支出预决算"超支"偏离度略低外，其余年份"超支"偏离度均在 10% 以上，远高于收入预决算偏离度；总体也呈下降趋势，尤其是 2012 年及之后，支出预决算偏离度基本保持在 10%~20%。就支出预决算偏离的绝对规模而言，呈现波动略涨趋势，2012 年之前偏离度大，但绝对规模较小；2012 年之后偏离度减小，但绝对规模大部分年份在 500 亿元以上。

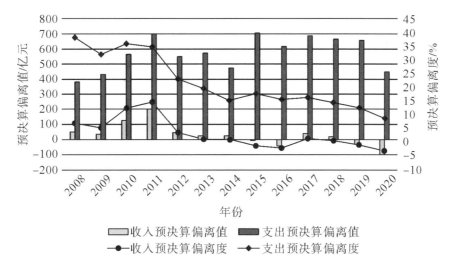

图 2-9 2008—2020 年全省层面一般公共预算收入、支出偏离年度变化

数据来源：根据 2009—2020 年《中国财政年鉴》、各省份财政预算报告和决算报告相关数据计算得出。

进一步地，本书测度了 2008 年、2011 年、2015 年和 2018 年各省份一般公共预算收入预决算偏离程度。从代表性年份的偏离程度来看，全国各省份一般公共预算收入偏离程度总体也呈下降趋势，偏离程度较低且各省份之间差异较小。测度了 2008 年、2011 年、2015 年和 2018 年各省份一般公共预算支出预决算偏离程度。从代表性年份的偏离程度来看，全省层面的一般公共预算支出偏离呈现西高东低的态势，偏离程度较高的地区主要集中于四川、甘肃等西部省份，以及东北地区的黑龙江。从时间趋势来看，呈现总体下降态势，与前文分析结论一致。

总体而言，2008—2020 年全省层面一般公共预算收入的预决算偏离度的年度变动均值为 3.1%，偏离度较小且呈下降趋势；而支出预决算偏离度的年度变动均值达到 21.9%，各省份之间存在较大差异，虽呈下降趋势，但偏离规模仍然较大。此外，支出预决算偏离度的年度变动均值，远远大于地方一般公共预算的支出预决算偏离度年度变动均值，也进一步体现了各省份之间的支出预决算偏离度存在较大差异。

（4）偏离环节

正如前文所述，基于不同的预算数，测度得到的收支预决算偏离结果会有差异。其主要原因是，是否考虑预算执行过程中调整预算数的影响。为进一步理解基于年初预算数来测度政府预决算偏离度的合理性和揭示调整预算数的重要性，本节同时计算了基于调整预算数来测度的预决算偏离度（预算执行偏离度）和年初预算数与调整预算数之间的调整幅度（预算调整幅度），分别刻画了省级政府在各预算年度内的收入和支出动态偏离过程和特征，如图2-10和图2-11所示。

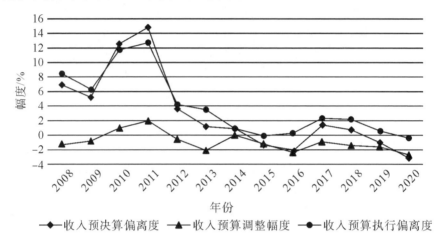

图2-10 2008—2020年全省层面一般公共预算收入偏离过程动态比较

数据来源：根据2009—2020年《中国财政年鉴》、各省份财政预算报告和决算报告相关数据计算得出。

就全省层面一般公共预算的收入偏离过程（见图2-10）来看，2008—2020年收入预决算偏离度与收入预算执行偏离度的变动趋势基本一致，呈现波动下降趋势。收入预算调整幅度总体在2%以内，收入预算执行偏离度略高于收入预决算偏离度。总体来说，收入预算因调整而导致的差异并不大。

就全省层面一般公共预算的支出偏离过程（见图2-11）来看，2008—2020年支出预决算偏离度与支出预算执行偏离度基本相反。支出预决算偏离度均为正值，即"超支"且均呈现下降趋势；支出预算执行偏离度均为负值，即"短支"且绝对值呈下降趋势，两者的差距不断收窄。测度结论相反的原因，主要在于是否考虑了执行过程中的预算调整环节。进一步分析支出预算调整幅度，可以发现支出预算调整幅度均高于支出预决算偏离度，且大于零，这意味着支出预算调整表现为调增。因此，基于调整预算数测度的预决算偏离行为，更接近于下半年根据执行过程需要调整预算后的完成度，忽略了年初预算数到年中调整预算数的重大变动，未能有效地反映政府突破年初预算数的行为。总体来说，支出预算因调整而导致的测度差异很大，而且支出预算的调整幅度过大掩盖了省级政府预决算偏离程度过大的事实，助长了年初预算编制不科学、预算调整随意、预算执行约束弱化等行为。

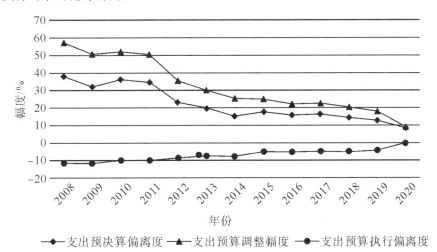

图 2-11 2008—2020 年全省层面一般公共预算支出偏离过程动态比较

数据来源：根据 2009—2020 年《中国财政年鉴》、各省份财政预算报告和决算报告相关数据计算得出。

相比于已有文献的测度结论，陈志刚和吕冰洋（2019）基于窄口径下的预决算偏离测度方法，发现在全省层面，收入预算平均"超收"7.80%，支出预算少支比例达到 8.95%。吕冰洋和李岩（2020）基于年初预算数的全口径测度方法，发现各省份收入预决算偏离度的平均值在 3%～15% 之间，省际差异不大；但大部分省份支出预决算偏离度均在 5%～70% 之间，"超支"为主。本书测度的预决算偏离，也主要是基于年初预算数的全口径下的全过程偏离，与吕冰洋和李岩（2020）的测度结论一致。但鉴于选择的样本时间不完全相同，偏离度略有差异。

（5）区域特征

进一步地，本书将样本省份分为东部、中部、西部和东北地区，探究了全省层面一般公共预算偏离的地域特征。同样是采用基于年初预算数的偏离测度方法，表2-1反映了分地区一般公共预算收入、支出预决算偏离度的描述性统计。从区域差异来看，就收入预决算偏离度均值而言，中部地区最高，为5.1%；就支出预决算偏离度均值而言，东部地区最低，仅10.9%，其他地区均在25%以上，支出偏离明显。就收入、支出预决算偏离的波动程度而言，西部地区波动范围最大，东部地区波动范围最小。

表2-1 分地区一般公共预算收入、支出预决算偏离度的描述性统计

单位：%

变量	观测值	收入预决算偏离度				支出预决算偏离度			
		平均值	标准差	最小值	最大值	平均值	标准差	最小值	最大值
东部地区	130	2.8	7.8	-21	33.4	10.9	12	-12.5	56.8
中部地区	78	5.1	9	-25.2	34.8	28.6	14	-2.8	59.4
西部地区	143	2.9	11.9	-40.7	31.7	27.1	23.4	-26.6	116.9
东北地区	39	0.6	9.9	-34.6	21.8	25.3	14.2	-7.5	64.7
全样本	390	3.1	9.9	-40.7	34.8	21.8	19.1	-26.6	116.9

数据来源：根据2009—2020年《中国财政年鉴》、各省份财政预算报告和决算报告相关数据计算得出。

为进一步分析各地区的年度变动趋势，本节基于年初预算数计算了2008—2020年各地区收入、支出预决算偏离度，绘制了如图2-12和图2-13所示的年度变动图。从时间趋势来看，四个地区收入预决算偏离度都呈现出波动下降的趋势（见图2-12），尤其是2011年之后出现明显的下降且波动幅度变小，这与全省层面的分析结论相一致。其中东北地区在2015年出现明显的"短收"现象，这可能与辽宁省顶住"面子"压力挤压GDP"水分"有关，2015年辽宁省财政收入增幅呈两位数下降。

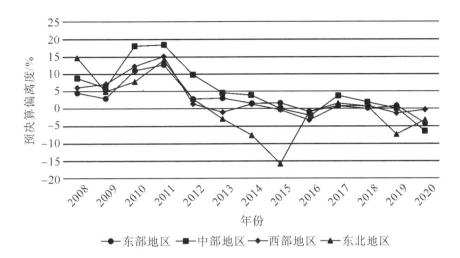

图 2-12　2008—2020 年各地区一般公共预算收入预决算偏离度年度变动

数据来源：根据 2009—2020 年《中国财政年鉴》、各省份财政预算报告和决算报告相关数据计算得出。

就各地区一般公共预算支出偏离度的年度变动趋势（见图 2-13）来看，东部地区和中部地区、西部地区、东北地区的差异明显。其中，东部地区的年度变动范围最小，2012 年之后多数年份处于 10% 以内；2012 年之前，西部地区偏离度最高，中部地区次之，接着是东北地区；2012 年之后，西部地区偏离度明显下降，中部地区偏离度逐渐居于最高位，2015 年之后东北地区偏离度升至最高位。可以看出，中部、西部、东北地区支出预决算偏离度的年度差异波动较大，东部地区偏离度历年都处于最低水平。

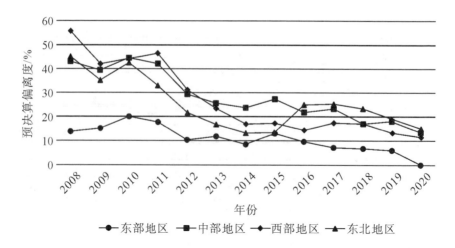

图 2-13　2008—2020 年各地区一般公共预算支出预决算偏离度年度变动

数据来源：根据 2009—2020 年《中国财政年鉴》、各省份财政预算报告和决算报告相关数据计算得出。

2.3.2.3　省级和市州汇总一般公共预算收入、支出偏离特征

由于全省层面预算是由省级预算和市州汇总预算构成的，为更加深入理解我国省级预算的偏离状况，本节将继续探究省级预算和市州汇总预算的偏离特征。基于收集到的省级层面年初预算数和决算数①，本书测度了 2008—2020 年样本省份的省级层面一般公共预算收入、支出预决算偏离度均值，如图 2-14 所示。同时，借鉴毛捷等（2018）和陈志刚（2020）的研究思路，用全省层面一般公共预算减去省级层面一般公共预算得到市州汇总层面的一般公共预算数据，基于此计算了市州汇总一般公共预算收入、支出的预决算偏离度均值，如图 2-15 所示。

从省级层面的偏离情况（见图 2-14）来看，绝大部分省份的省级收支预决算偏离度大于零，且支出预决算偏离度远高于收入预决算偏离度。同时，各省份之间收入、支出预决算偏离度的差异较大，如北京、天津的市级收支预决偏离度均在 5% 以内；吉林、上海、海南等的省级收支预算偏离度均未超过 10%；黑龙江、新疆的省级收入和支出预决算均表现为明显的"超收""超支"现象，偏离度均在 20% 以上。此外，吉林、天津、

---

① 省级收支预算的决算数来自本级政府公开的年度决算报告，缺失的部分由本级预算报告中的年末执行数代替，该数据为决算快报数，与最终决算数基本一致。

内蒙古的省级收入预决算偏离度大于零，不同于其在全省层面分析时一般公共预算的"短收"特征；江苏、山东、四川等省的省级支出预决算偏离度小于零，也与其在全省层面分析时一般公共预算的"超支"特征不同。这意味着省级层面的预决算偏离不简单等同于全省层面的偏离，可能具有不同的特征，也在一定程度上反映了全省层面的偏离特征容易受市州汇总预算的偏离影响。

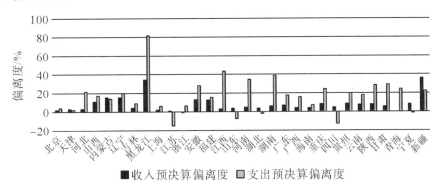

图 2-14　2008—2020 年样本省份省级层面一般公共预算收支预决算偏离度均值

数据来源：根据 2009—2020 年各省份财政预算报告和决算报告相关数据计算得出。

从市州汇总层面的偏离情况（见图 2-15）来看，绝大部分省份的市州汇总收支预决算偏离度大于零，且支出预决算偏离度远远高于收入预决算偏离度。各省份之间市州汇总预算的收入预决算偏离度的差异较小，大部分省份偏离度在 5% 以内，天津、内蒙古和黑龙江偏离度均值为负，呈现"短收"状态。支出预决算偏离度大且各省份之间的差异也较大，尤其是四川、青海、宁夏高达 60%；河北、安徽、湖南、重庆、陕西、新疆偏离度也在 30% 以上；天津、上海、江苏、山东、广东、云南等省份偏离度则在 10% 以内。总的来说，市州汇总一般公共预算支出偏离特征总体上与全省层面的偏离特征相吻合。

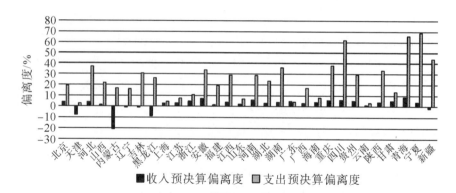

图 2-15　2008—2020 年各省份市州
汇总层面一般公共预算收支预决算偏离度均值

数据来源：根据 2009—2020 年各省份财政预算报告和决算报告相关数据计算得出。

进一步地，为了解省级层面预决算偏离的年度变化特征，本节绘制了 2008—2020 年样本省份的省级层面一般公共预算收入、支出预决算偏离年度变动趋势图，如图 2-16 所示。可以看出，省级层面一般公共预算收入预决算偏离以正向偏离为主，且呈现波动下降的态势；尤其是 2012 年之后，收入预决算偏离度开始收窄，2017 年略有回升，后又持续下降，收入偏离绝对规模也有所下降。省级层面一般公共预算的支出预决算偏离度和规模总体则呈现明显的下降态势，2012 年之前偏离度在 40% 左右，最高偏离规模达 150 亿元；2012 年之后偏离度下降至 10% 以内，且除 2015 年之外，其余年份偏离规模在 80 亿元以内。但相比于全省层面一般公共预算的绝对"超支"状态，省级层面支出预决算偏离近两年已显现负向偏离态势。总体来看，省级层面一般公共预算的收入、支出预决算偏离的年度变化特征与全省层面相比，总体下降趋势是一致的，但也存在着较为明显的局部差异。

同样，本节也计算了市州汇总一般公共预算收入、支出的预决算偏离年度变动趋势，如图 2-17 所示。可以看出，市州汇总一般公共预算收入、支出预决算偏离均呈现波动下降的态势，支出预决算偏离度和偏离规模远高于收入预决算，并于 2012 年之后出现下降态势，这与全省层面的分析结论相一致。

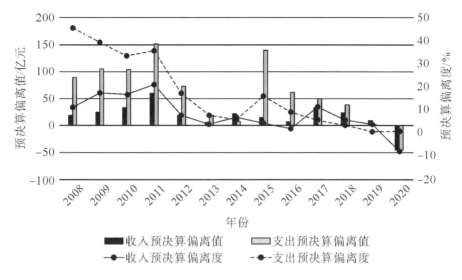

图 2-16　2008—2020 年省级层面一般公共预算收支预决算偏离年度均值

数据来源：根据 2009—2020 年各省份财政预算报告和决算报告相关数据计算得出。

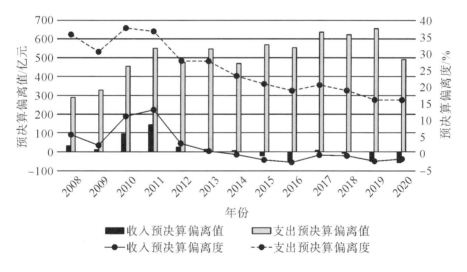

图 2-17　2008—2020 年市州汇总一般公共预算收支预决算偏离年度均值

数据来源：根据 2009—2020 年《中国财政年鉴》、各省份财政预算报告和决算报告相关数据计算得出。

综上可以看出，无论是收入层面，还是支出层面，各省份的市州汇总一般公共预算偏离程度都明显高于省级层面预算，中央收入预决算偏离与省级层面收入预决算偏离情况较为一致。但支出预决算偏离略有差异，

2012 年之后中央一般公共预算以"节支"为主，省级一般公共预算于
2018 年才呈现"节支"状态，这有助于进一步理解不同预算层级的偏离特
征。由于全省层面的偏离态势易受市州汇总预算的影响，因此，也有必要
进一步掌握市州层面的偏离特征。

2.3.2.4 全市层面一般公共预算收入、支出偏离情况

为弥补前文各省份的市州汇总预算整体分析的不足，本节进一步分析全
市层面一般公共预算的预决算偏离特征。囿于全市层面数据可得性，本节以
四川省 21 个市州为研究对象，探究全市层面一般公共预算收入、支出偏离
的特征。四川省地处西南地区，周边共与 7 个省份接壤，是我国的资源大
省、人口大省、经济大省，各市州之间区域发展不平衡，人口、土地面积差
距明显；同时，由于其特殊的地理位置，四川省为多民族聚集地。因此，选
择四川省各市州政府作为研究对象具有较大的代表性，可以在一定程度上反
映全市层面一般公共预算的预决算偏离特征。本章通过手工收集四川省各市
州预决算报告中的年初预算数、调整预算数和决算数，测度了四川省各市州
全市层面的一般公共预算的收入、支出预决算偏离度，如图 2-18 所示。

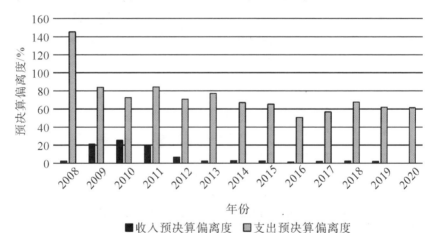

图 2-18 2008—2020 年四川省各市州全市层面收入、支出预决算偏离度

数据来源：决算数来自 2008—2021 年的《四川统计年鉴》和各市州全市层面财政
决算报告，年初预算数和预算执行数来源于四川省各市州历年财政预算报告、《四川省
财政收支预算执行情况》，由笔者计算得出。

从图 2-18 可以看出，2008—2020 年四川省各市州全市层面一般公共
预算的收入、支出预决算偏离度均为正值，且支出预决算偏离度远高于收

入预决算偏离度。各市州全市层面一般公共预算的收入预决算偏离度较小，2012年之后保持在3%以内。相比中央、省级支出预算，全市层面一般公共预算"超支"现象更为明显，历年均在50%以上，下降趋势并不明显。这一方面反映了全市层面编制的一般公共预算的支出预算数科学性、准确性不强，另一方面也反映了各市州政府具有更为明显的"超支"冲动。

进一步地，本书从四川省各市州的角度来观察政府一般公共预算的收入、支出预决算偏离度发现，各市州一般公共预算的收入预决算偏离度普遍较小，且远小于支出预决算偏离度；各市州一般公共预算的支出预决算偏离度总体呈现西高东低态势，尤其是阿坝州、甘孜州等经济欠发达地区，预算编制能力较弱。

接下来，本节继续探究各市州收入、支出预决算偏离过程特征。基于收集到的四川省21个市州一般公共预算的年初预算数、调整预算数和决算数，计算了基于调整预算数测度的预决算偏离度（预算执行偏离度）和年初预算数与调整预算数之间的调整幅度（预算调整幅度），分别刻画了各市州政府在各预算年度内的收入和支出动态偏离过程和特征，如图2-19和图2-20所示。

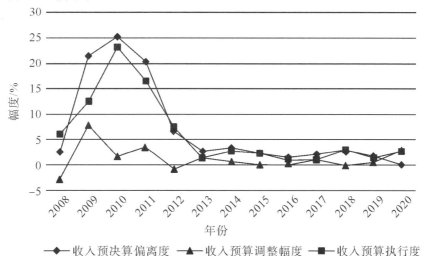

图2-19 四川省各市州一般公共预算的收入预决算偏离过程动态比较

数据来源：决算数来自2008—2021年《四川统计年鉴》和各市州财政决算报告，年初预算数和预算执行数来源于四川省各市州历年财政预算报告等，由笔者计算得出。

从图 2-19 可以看出，各市州一般公共预算的收入预决算偏离度与预算执行偏离度大致一致，收入预算调整幅度较小，大部分在 1% 以内。这意味着各市州政府在年初预算编制时对一般公共预算收入预测较为准确。

相比收入预决算的偏离，各市州一般公共预算的支出预决算偏离度与预算执行偏离度则相差较大，如图 2-20 所示。支出预算调整幅度几乎与预决算偏离度相当，保持了 60% 左右的调整幅度，因而基于调整预算数计算的预决算偏离度大幅下降，最终保持在 10% 以内。这意味着各市州政府在年初预算编制时对一般公共预算支出预测并不准确，可能是由于上级转移支付、新增债务等不确定性较大，同时也反映出各市州政府更为明显的"超支"行为。

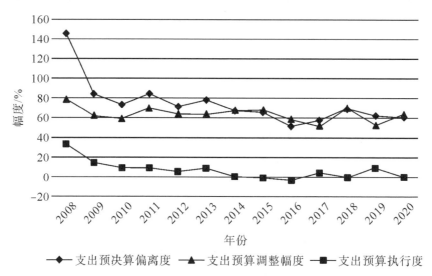

图 2-20　四川省各市州一般公共预算的支出预决算偏离过程动态比较

数据来源：决算数来自 2008—2021 年《四川统计年鉴》和各市州财政决算报告，年初预算数和预算执行数来源于四川省各市州历年财政预算报告等，由笔者计算得出。

2.4　本章小结

本章从全国、省级、市级三个不同的预算层级，结合不同维度剖析了我国一般公共预算的收入、支出预决算偏离的特征事实。

从全国层面一般公共预算来看，全国一般公共预算收入预决算偏离的年度变动均值略高于支出的预决算偏离，但仍处于国际上较为通行的合理范围5%以内。其中"短收"和"短支"年份的预决算偏离程度，均在通行的合理范围内，属于正常的预决算偏离现象；"超收""超支"年份的预决算偏离容易高于5%。就变化趋势而言，2008—2020年全国一般公共预算收入、支出偏离程度呈现阶段性变化，偏离程度的变动受经济形势、党中央决策部署、改革政策等影响较大。此外，无论是收入层面，还是支出层面，地方一般公共预算的偏离程度都明显高于中央。

从全省层面一般公共预算来看，就偏离分布而言，2008—2020年全省层面一般公共预算的收入预决算正向偏离和负向偏离程度较为相当，表现为均值接近于0的正态分布，符合受经济环境因素影响产生波动的特征；支出预决算偏离均值呈现明显的右偏，这意味着各省份一般公共预算的支出以明显的"超支"为主。就省份差异而言，各省份一般公共预算的收入预决算偏离差异相对较小，除山东、黑龙江、吉林、辽宁外，其余省份的年度偏离度都超出了2%的范围，远高于中央一般公共预算的收入预决算偏离度；各省份一般公共预算的支出预决算偏离度差异较大，除天津以外，其余省份的年度偏离度都超出4%的范围，远高于中央一般公共预算的支出预决算偏离度。就年度变动而言，2008—2020年全省层面一般公共预算收入的预决算偏离度的年度变动较小且呈下降趋势；而支出预决算偏离度的年度变动虽呈下降趋势，但偏离规模仍然较大，且远远大于地方一般公共预算的支出预决算偏离度年度变动均值，也进一步体现了各省份之间的支出预决算偏离存在较大差异。就偏离过程而言，2008—2020年全省层面一般公共预算的收入预决算偏离度与收入预算执行偏离度的变动趋势基本一致，呈现波动下降趋势。收入预算调整幅度总体在2%以内，2012年之后主要表现为调减，总体来说收入预算因调整而导致的测度差异并不大。但2008—2020年支出预决算偏离度与支出预算执行偏离度基本相反，支出预决算偏离度均为正值，即"超支"且均呈现下降趋势；支出预算执行偏离度均为负值，即"短支"且绝对值呈下降趋势，两者的差距不断收窄。这主要是由于支出预算调整幅度均高于支出预决算偏离度，且大于零。这不仅意味着支出预算调整以调增为主，而且支出预决算偏离会因是否考虑预算调整而产生很大差异。支出预算调整过大，掩盖了省级政府预决算偏离程度过大的事实，助长了年初预算编制不科学、预算调整随意、预算执行约束弱化等行为。就区域特征而言，中部地区的收入预决算偏离度均值最高，为 5.1%；东部地区的支出预决算偏离度均值最低，仅 10.9%，其他地区均在 25% 以上。西部地区收入、支出预决算偏离度波动范围最大，东部地区波动范围最小。中部地区、西部地区、东北地区支出预决算偏离度的年度差异较大，东部地区历年偏离度都处于最低水平。

从全市层面一般公共预算来看，各市州一般公共预算的收入、支出预决算偏离度均为正值，且支出预决算偏离度远高于收入预决算偏离度。各市州一般公共预算的收入预决算偏离度较小，相比中央、省级层面支出预算而言，各市州一般公共预算"超支"现象更为明显，且下降趋势并不明显。各市州一般公共预算的收入预算调整幅度较小，大部分在 1% 以内，年初收入预测较为准确；各市州一般公共预算的支出预决算偏离与预算执行偏离则相差较大，支出预算调整幅度几乎与支出预决算偏离度相当，保持了 60% 左右的调整幅度。这可能是由于上级转移支付、新增债务等不确定性较大，市级地方政府对支出预测并不准确，同时也体现了市级地方政府更为明显的"超支"冲动。

3 预算法治与地方政府预决算偏离

　　预算是财政管理和财政规划的核心（拉瑞·斯格瑞德，2012），一个国家的治理能力在很大程度上取决于它的预算能力（Schick，1990）。自1994年分税制改革后，我国预算制度取得重要进展，如建立复式预算、实行部门预算改革、实行政府收支分类改革、采用国库集中收付制度等。但随着公共财政制度的发展和现代国家治理体系建设的推进，现行预算管理制度暴露出诸多问题，如预算管理和控制方式不够科学、预算体系不够完善、预算约束力不够、财政结转结余资金规模较大、财经纪律有待加强等①，这些问题都突出反映在政府预算与决算行为上（陈志刚和吕冰洋，2019）。

　　预算法作为约束政府收支行为的基本制度规范，探究其对地方政府财政预决算偏离行为的影响，具有重要的理论价值和现实意义。本章利用2015年新《预算法》实施这一准自然实验，构建了"类政策实验"的强度 DID 模型，运用四川省21个市州2008—2018年的预决算数据，评估了新《预算法》对地方政府预决算偏离的影响。研究发现，新《预算法》的实施降低了地方政府收支预决算偏离度。机制检验发现，新《预算法》通过增强收入预算编制的科学性，降低了收入预决算偏离度；通过强化预算执行约束，降低了支出预决算偏离度。本书不仅丰富了预算研究文献，而且对下一步的预算改革及建立现代预算制度具有重要启示。

---

① 《国务院关于深化预算管理制度改革的决定》（国发〔2014〕45号）。

3.1 问题的提出

自 1994 年以来,中国政府预算偏离长期高位运行,收入预算偏离度和支出预算偏离度在大部分年份都超过 5%(陈志刚和吕冰洋,2019),预算偏离度远高于英国和美国(王秀芝,2009)。预算作为收支计划,与决算数之间出现一定程度的差异是正常的,但是预决算之间的差异过大,则会产生一系列问题。其一,政府预算须经立法机关批准,且具有法律的性质,预决算差异过大,不可避免地损害了法律的权威性。其二,现代预算的重要目的是通过严格的预算过程,约束政府行为,促使政府对人民负责,预决算偏离度过大,会使政府预算的监督制约作用在某种程度上"走过场"(高培勇,2008),从而弱化权力机关和人民对政府活动的监督,最终会危及政府自身。其三,预算偏离度过大,例如,政府过多的"超收"可能加重纳税人负担,降低微观经济主体的活力(陈志刚和吕冰洋,2019);过多的"超支"容易造成财政资金的浪费,降低财政支出绩效,并危及财政可持续性和政府公信力。

关于预算偏离的成因,国内研究者从规范和实证的层面进行了多维度的研究(马蔡琛,2009;马蔡琛 等,2015;王秀芝,2009;顾海兵和刘栩畅,2015;孙玉栋和吴哲方,2012;马海涛 等,2017;冯辉和沈肇章,2015;王志刚和杨白冰,2019)。其中,外部监督和约束中人大监督不够健全、财政审计不够完善、预算管理不够透明等,是导致财政预决算偏离的重要因素。2015 年 1 月 1 日开始施行的修订后的《中华人民共和国预算法》,为建立健全全面规范、公开透明的预算制度提供了法律依据。新《预算法》在实施全口径预算管理、强化预算约束、推动预算公开、规范转移支付制度、加强人大预算审查监督等方面取得重要突破(朱大旗,2014)。从法律文本看,新《预算法》有助于提高预算编制科学性、加强预算执行约束力,从而降低预决算偏离度。但法律的生命力在于实施,新《预算法》的实施是否降低了预决算偏离度,强化了预算约束力呢?本章利用 2015 年实施新《预算法》这一准自然实验,用财政透明度作为地方政府预算收支行为受到新《预算法》实施冲击强度的指标,构建了"类政策实验"的强度 DID 模型,并运用四川省 21 个市州 2008—2018 年的预决算数据，从市级政府层面评估了新《预算法》对地方政府预决算偏离的影响。

与以往文献相比，本章的主要工作和贡献有：第一，本章实证评估了新《预算法》对地方政府收支预决算偏离的影响，发现新《预算法》的实施降低了地方政府收支预算的执行偏离度，这为通过法治的方式推动建立现代预算制度与现代财政制度，推进国家治理体系和治理能力现代化，提供了经验支持。第二，机制检验发现，新《预算法》降低收支预决算偏离的途径不同，新《预算法》主要通过提升收入预算编制的科学性和合理性，降低收入预决算偏离度；主要通过强化对政府预算执行过程的约束，降低了支出预决算偏离度。第三，现有预算文献主要是定性研究，少量的定量研究文献主要是基于省级层面数据，基于地市样本的实证研究更是鲜有，本章利用手工整理的四川省各市州年度预决算数据和月度执行数据，运用倍差法对新《预算法》的实施效果作出实证评估，丰富了预算研究文献。

3.2 制度背景与作用机理

1994 年，我国财税制度和体制进行了重大变革，同年 3 月颁布了《中华人民共和国预算法》，本法的实施对于规范预算管理，推进依法理财，加强国家宏观调控发挥了重要作用。然而，随着经济社会的发展，以及现代预算观念的深入，建立现代财政制度和现代预算制度的要求越来越迫切。在原预算法下，预算的完整性、科学性和透明度要求不够，预算审查监督不尽完善，预算执行和调整也不够严格规范，财政管理体制、财政转移支付、政府债务管理等制度的规范性和健全性不足（谢旭人，2011），导致预算的全面性、规范性、权威性、严肃性受损（朱大旗，2015）。党的十八届三中全会提出财政是国家治理的重要支柱和基础，要求建立健全全面规范、公开透明的预算制度。2014 年 8 月 31 日，第十二届全国人民代表大会常务委员会第十次会议，表决通过关于修改《中华人民共和国预算法》的决定，并于 2015 年 1 月 1 日开始施行新修订的《预算法》。这为本书研究预算法律对政府预算收支行为的约束效应提供了宝贵的机会。

预决算偏离表现为批准的收支预算与实际收支决算之间的差异。理论上，造成预算偏离的直接原因为预算编制的质量不高和预算执行约束力不足。新《预算法》对政府的年初预算编制、预算下达时限、预算信息公开、预算法律责任等方面作出了规范，以期实现对政府预算的全口径审查和全过程监管，强化政府预算的约束力。基于前文第二章的治理机制分析，本章也将分别从预算编制和预算执行两个维度，来探究预算法治是如何治理地方政府收支预决算偏离行为的。

就预算编制而言，首先，新《预算法》明确要求政府的全部收入和支出都应当纳入预算，实行全口径预算管理；并规定各级政府、各级部门、各单位的支出必须以经批准的预算为依据，未列入预算的不得支出。其次，新《预算法》要求地方债务纳入预算管理，并对债务的举借、用途和偿还进行了规定。这促进了政府预算的全口径管理，提高了预算编制的可预测性。最后，预算编制要求参考支出绩效评价结果，征求各方面意见，并且必须与财政政策相衔接，这有助于进一步提升预算编制的科学性和合理性。

预算执行约束软化是非合理预决算偏离的重要原因。新《预算法》对预算的执行进行严格规定，要求部门和单位的预算执行主体对执行结果负责；申明不得擅自改变预算支出的用途，并要求对预算支出情况开展绩效评价；在预算收入方面，明确规定各级政府不得向预算收入征收部门和单位下达收入指标。新《预算法》第五十二条明确规定了部门预算批复时间、转移支付的下达时限，促进预算资金及时到位、有序执行，增强预算执行力，降低预算偏离度。

预算调整的随意性为非合理化的预算调整提供了可能，容易助长粗放编制年初预算的行为，损害预算的权威性。新《预算法》第十三条规定经人民代表大会批准的预算，非经法定程序，不得调整。但由于地方政府提交的审查资料有限等，人大对预算调整的审查把关也不易落到实处，更大程度上是被动地接受政府预算调整。新《预算法》对预算调整做了明确规定①，同时还规范了预算调整的情形和程序，要求预算调整方案应当说明预算调整的理由、项目和数额，从而增强预算的严肃性，提升预算调整的规范性，有助于降低预算调整的随意性。此外，新《预算法》第十四条关

---

① 新《预算法》第六十八条规定：在预算执行中，各级政府一般不制定新的增加财政收入或者支出的政策和措施，也不制定减少财政收入的政策和措施；必须作出并需要进行预算调整的，应当在预算调整方案中作出安排。

于预算公开的规定、第九十一条关于预算的社会监督权保障的规定，以及第十章加强了法律责任追究（上官泽明，2018），有助于强化对预算编制、审批和执行等主体的约束，增强其行为的规范性。据此，本章推测新《预算法》的实施有助于降低地方政府预决算偏离。

3.3　预算法治对地方政府预决算偏离影响的实证分析：来自四川省各市州的证据

本章重点关注预算法治是否能够降低地方政府财政预决算偏离度。实证思路为运用四川省市州层面的预决算数据，采用强度 DID 的方法实证评估新《预算法》对地方政府收支预决算偏离行为的治理效应，并进行平行趋势检验等稳健性检验，验证回归结果的有效性以及分析观测预算法治的动态效果；最后通过机制检验，进一步分析预算法治是否通过提升地方政府预算编制能力、规范预算执行来治理地方政府预决算偏离行为。

3.3.1　研究方法与模型设定

3.3.1.1　研究方法

本章主要检验新《预算法》对地方政府预决算偏离的影响，地方政府预决算偏离是本书的核心变量。通过前文分析可知，预算偏离是指立法机关审查批准的政府收支预算与其实际执行的收支决算之间的差异（高培勇，2008）。由于经立法机关审查批准的预算数，有年初预算数和执行过程中的调整预算数，本章为实现全过程地考察政府预算从年初编制到决算时的偏离程度，选择基于年初预算数的偏离程度作为被解释变量。需要注意的是，预决算偏离既可能是决算数大于预算数，也可能是决算数小于预算数，无论哪种情况的预决算差异都是偏离行为，为此，这里以预决算差异的绝对值与预算数之比来衡量预决算偏离，具体计算公式如下所示：

收入预决算偏离度＝｜收入决算数－收入年初预算数｜／收入年初预算数

支出预决算偏离度＝｜支出决算数－支出年初预算数｜／支出年初预算数

处理强度指标。本书利用新《预算法》的实施这一外生冲击来研究预算法律对地方政府预决算偏离的约束效应，构建了"类政策实验"的强度DID模型进行实证研究（Chen，2017；Che and Zhang，2018；陈思霞 等，2017）。基于强度DID方法的设计思路，本书以新《预算法》实施前样本地区的财政透明度作为处理强度指标。其内在逻辑在于：一方面新《预算法》在全国统一施行，但对不同地区的影响程度不同。理论上，对于地方政府财政收支行为本来就比较规范、已比较符合新《预算法》规定的地区，新《预算法》的实施对该地区的财政收支行为影响相对会比较小，这些地区财政收支行为改进的空间也相对要小；对于地方政府财政收支行为规范程度低、与新《预算法》规定的差距比较大的地区，新《预算法》的实施对该地区财政收支行为的冲击会比较大，这些地区财政收支行为改善的空间也更大。另一方面，财政透明度是反映地方政府财政收支行为规范性的有效指标，已有研究表明财政透明度可以降低政府"三公"支出（夏海利，2018）、抑制官员腐败（李春根和徐建斌，2016）、约束行政管理支出（刘生旺和陈鑫，2019）、缩小地方政府债务规模（肖鹏 等，2015）、提高财政资金配置效率（李丹和裴育，2016）、改善预算软约束（杨志安和邱国庆，2019）。一般而言，财政透明度越高意味着地方政府财政行为越规范，反之，财政透明度越低意味着地方政府财政行为不规范程度越高。

基于此，本章以新《预算法》实施前样本地区的财政透明度，作为识别地方政府财政收支行为受新《预算法》实施这一政策冲击处理强度的指标。本章以四川省各市州数据为样本，各市州的财政透明度源自陈隆近等（2015）的评价数据[①]。为避免使用一年的评价结果可能存在的偏差，同时基于财政透明度越高、预算行为规范性会越强的特征事实，本章以新《预算法》实施前样本地区财政透明度三年均值的相反数，作为各市州受到新《预算法》政策冲击的强度指标，以此刻画不同地市受到的政策冲击大小。这意味着负数越大（绝对值越小）的城市，财政收支行为的规范性也越低，受到的政策冲击越大。

---

① 作者跟踪调查了2010—2012年四川省全部181个县级行政辖区的财政透明度水平及其变化趋势，借鉴清华大学《中国市级政府财政透明度研究报告》中2010年市级财政透明度调查的八项指标，并增加和预决算报告发布时间相关的两项指标，形成了十项得分分别为10、满分合计100的财政透明度评价体系，测度方法和评价的具体结果详见陈隆近等（2015）。需要说明的是，原透明度指数是百分制，为降低变量的量纲，本书将各市州的财政透明度指数除以10改为十分制。

3.3.1.2　模型设定

本章实证模型如式 3-1 所示：

$$\text{Deviation}_{i,\,t} = c + \beta \times (D_{\text{group}} \times \text{Post}_t) + \rho \cdot X_{it} + \alpha_i + \gamma_t + \varepsilon_{it} \quad (3-1)$$

其中，被解释变量为预决算偏离度，下标 i 和 t 分别表示第 i 个市（州）和第 t 年；c 为共同截距项，α_i 代表地区固定效应，γ_t 代表时间固定效应。Post 表示新《预算法》实施时间变量，2015 年以前取值为 0，2015 年（含 2015 年）及其后取值 1。D_{group} 为处理强度变量，以受新《预算法》影响程度大小而划分处理组和控制组变量，如前文所述，本章以财政透明度均值的相反数乘以政策年份变量，构造政策处理效应的强度 DID 交互项，即在每一个分位上，大于处理强度指标 D_{group} 值的市（州）样本都为该分位所属样本的相对实验组。β 的系数代表新《预算法》对政府预决算偏离的净影响。X_{it} 为一系列控制变量，以控制其他可能影响预算偏离的因素，ε_{it} 为随机误差项。

本章选择的控制变量包括取自然对数的人均地区生产总值（元/人）、地区年末常住人口数（万人）、人口密度（人/平方千米）、年末就业人数（万人），以及投资率（全社会固定资产投资总额/地区生产总值）、消费率（全社会消费零售总额/地区生产总值）、产业结构（第二产业产值/地区生产总值）、政府支出规模（财政支出/地区生产总值）。

3.3.1.3　数据说明

由于本章试图探究地方政府预算的月度执行过程，刻画年底"突击花钱"行为，需要更为细化的研究数据。囿于全国地级市历年月度执行数据可得性，本章采用四川省 21 个市州 2008—2018 年的预决算数据。样本地区决算类数据来源于历年《四川统计年鉴》和各市州人民政府网站公布的国民经济和社会发展统计公报，年初预算数和预算执行数据主要来源于《四川省财政收支预算执行情况》，控制变量的数据主要来源于历年《四川统计年鉴》和四川省各市州国民经济和社会发展统计公报。

主要变量的描述性统计如表 3-1 所示。可以看出，样本市州的地方政府财政收入、支出预决算偏离度均值分别为 0.11 和 0.77，标准差分别为 0.15 和 0.55，表明各市州一般公共预算的支出预决算偏离度远高于收入预决算，而且支出预决算偏离差异较大。政策实施前财政透明度（10 分制）均值为 2.421，这意味着政策实施前地方政府财政透明度并不高，为识别各地执行新《预算法》的力度提供了条件。

表 3-1　主要变量的描述性统计

变量名称	观测值数量	平均值	标准差	最小值	中位数	最大值
收入预决算偏离度	231	0.110	0.150	0	0.060	1.520
支出预决算偏离度	231	0.770	0.550	0.010	0.640	4.250
政策实施前财政透明度均值（10 分制）	21	2.421	0.907	0.916	2.445	5.152
年末人均地区生产总值的自然对数	231	10.151	0.522	8.823	10.200	11.460
年末常住人口的自然对数	231	5.780	0.610	4.480	5.810	7.390
年末就业人数的自然对数	231	5.240	0.610	3.910	5.270	6.810
人口密度	231	380.1	269.5	6.400	343	1 209
固定资产投资率	231	0.970	1.170	0.310	0.770	17.38
消费率	231	0.440	0.720	0.240	0.390	11.30
财政支出规模	231	0.310	0.290	0.110	0.200	1.540
产业结构	231	0.510	0.090	0.240	0.510	0.760

3.3.2　新《预算法》对地方政府预决算偏离的影响

《预算法》作为我国政府预算行为的"经济宪法"，指导和约束着政府的收支行为。随着经济社会的发展，以及现代预算观念的深入，建立现代财政制度和现代预算制度的要求越来越迫切。原《预算法》已经不能满足对地方政府预算的完整性、科学性和透明度，以及严格预算执行和调整等要求，难以保障现代预算的全面性、规范性、权威性、严肃性。2015 年开始施行的新《预算法》，尤其在实施全口径预算管理、强化预算约束、强化预算公开、规范转移支付制度、加强人大预算审查监督等方面取得重要突破。但法律的生命力在于实施，新《预算法》的实施是否降低了地方政府预决算偏离，强化了预算约束力呢？对此，本节运用市州层面的数据，实证评估了新《预算法》对地方政府预决算偏离的影响。

表 3-2 报告了基于式（3-1）的回归结果，其中第（1）列和第（3）列是控制新《预算法》实施前后时间变量（post）、地区个体效应以及其他控制变量得到的回归结果；第（2）列和第（4）列是更为严格地同时控

制时间固定效应和地区固定效应的回归结果。$D_{group} \times Post_t$ 是以财政透明度相反数（处理强度指标）与改革时间交乘的回归结果，表示新《预算法》实施的政策效应。结果显示，无论是将时间效应设定为改革前后，还是更严格地控制时间固定效应，新《预算法》的实施对收入预决算偏离、支出预决算偏离均具有显著的降低作用，这初步验证了本章的假说。

表3-2　新《预算法》对地方政府收支预决算偏离的影响：与年初预算数相比

变量	（1）收入预决算偏离度	（2）收入预决算偏离度	（3）支出预决算偏离度	（4）支出预决算偏离度
$Post_t$	−0.105*** (0.032 6)		−0.226* (0.122)	
$D_{group} \times Post_t$	−0.028 3** (0.010 8)	−0.026 2** (0.009 41)	−0.092 2* (0.047 1)	−0.085 5* (0.044 5)
Lnpgdp	−0.167*** (0.036 5)	−0.128 (0.151)	−0.390*** (0.128)	0.860 (0.905)
年末常住人口	−0.423* (0.212)	−0.255 (0.192)	0.498 (0.566)	0.685 (0.560)
年末就业人数	0.244 (0.230)	0.162 (0.199)	−1.701*** (0.554)	−1.728*** (0.541)
人口密度	0.000 897*** (0.000 293)	0.000 436 (0.000 296)	0.000 467 (0.001 02)	0.002 09 (0.001 23)
固定资产投资率	0.208** (0.079 2)	0.193*** (0.065 9)	−0.674*** (0.194)	−0.553*** (0.156)
消费率	−0.312** (0.123)	−0.292*** (0.103)	1.066*** (0.300)	0.884*** (0.244)
财政支出规模	0.361*** (0.119)	0.379*** (0.122)	2.404** (0.860)	2.663** (0.962)
产业结构	−0.374* (0.185)	−0.546*** (0.185)	0.784 (0.545)	1.394* (0.678)
时间效应	否	是	否	是
个体效应	是	是	是	是
常数项	2.653** (1.271)	1.933 (1.671)	9.644*** (2.672)	−3.877 (8.756)
观测值数量	231	231	231	231
R^2	0.552	0.637	0.407	0.496

注：①括号中为稳健标准误；②***、**和*分别代表在1%、5%和10%的水平上显著。

3.3.3 平行趋势与动态效应检验

要使双重差分估计结果无偏，在政策实施之前，需要处理组和控制组具有平行趋势，也即平行趋势假设。为此，这里以2008年为基期，构建式（3-2），既可以检验平行趋势假设，也可以考察新《预算法》实施的动态效应。式（3-2）中 D_{group} 为采用财政透明度均值时的处理强度指标，$year_t$ 为年度虚拟变量，其他变量与式（3-1）的定义一致。

$$deviation_{i,\,t} = c + \sum_{t=2009}^{2018} \beta_t \times D_{group} \times year_t + \rho \cdot X_{it} + \alpha_i + \gamma_t + \varepsilon_{it}$$

$$(3-2)$$

表3-3　平行趋势和动态效应检验

变量	（1） 收入预决算偏离度	（2） 支出预决算偏离度
$D_{group} \times year_{2009}$	0.003 95 (0.043 8)	−0.160* (0.082 2)
$D_{group} \times year_{2010}$	−0.061 9 (0.047 0)	−0.185 (0.133)
$D_{group} \times year_{2011}$	−0.068 7 (0.043 9)	−0.120 (0.123)
$D_{group} \times year_{2012}$	−0.047 8 (0.053 9)	−0.109 (0.118)
$D_{group} \times year_{2013}$	−0.046 5 (0.044 7)	0.002 05 (0.146)
$D_{group} \times year_{2014}$	−0.078 9** (0.034 4)	−0.153 (0.150)
$D_{group} \times year_{2015}$	−0.081 0** (0.034 2)	−0.141 (0.129)
$D_{group} \times year_{2016}$	−0.069 9* (0.038 7)	−0.203* (0.109)
$D_{group} \times year_{2017}$	−0.070 5* (0.035 5)	−0.235* (0.117)
$D_{group} \times year_{2018}$	−0.073 2** (0.034 6)	−0.223① (0.166)

---

① P值为19.2%，经济意义上也仍显著。

表 3-3（续）

变量	（1）	（2）
	收入预决算偏离度	支出预决算偏离度
控制变量	是	是
个体效应	是	是
时间效应	是	是
观测值数量	231	231
R^2	0.645	0.489

注：①括号中为稳健标准误；②*** 、** 和* 分别代表在 1%、5% 和 10% 的水平上显著。

表 3-3 报告了收支预决算偏离度的平行趋势和动态效应检验结果，图 3-1 显示了施行新《预算法》对地方政府收支预决算偏离影响的动态效应。可以发现，收入预决算偏离回归结果中，2014 年之前政策变量系数都不显著，2014 年之后政策变量系数显著为负，可能的解释是：尽管 2015 年为新《预算法》开始施行的年份，但该法在 2014 年 8 月已由全国人大常委会审查批准，加之地方一般公共预算收入主要源于税收、非税收入，其确定性更强，可以对新《预算法》的要求较快作出反应。在支出预决算偏离回归结果中，2015 年及之前政策变量系数基本都不显著，政策变量在 2015 年为负但仍不显著，2016 年开始政策变量系数显著为负，可能的原因是：支出预算虽然是《预算法》规范的重点，但也是预算工作的难点，新《预算法》在 2015 年开始实施，各地虽开始学习新《预算法》，但具体指引新法实施的《中华人民共和国预算法实施条例》2020 年 8 月才出台，由于新《预算法》的概括性、支出预算本身的复杂性等，新《预算法》校正预算偏离的作用未能立即发挥，而是存在一定的时滞，具体表现为一年的滞后。总体而言，收入预算对新《预算法》反应较快、有一定的预期效应，新《预算法》对支出预算的影响存在时滞，不能拒绝平行趋势假说。

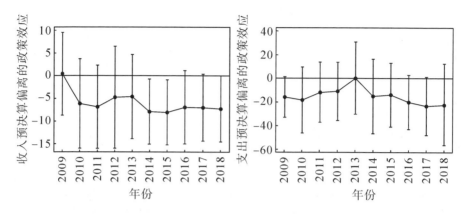

图 3-1　新《预算法》实施对地方政府收支预决算偏离的动态效应

3.3.4　稳健性检验

3.3.4.1　预决算偏离的不同测度

理论上，预决算偏离是年初预算数与决算数之间的差异。而在实际的预算执行过程中，根据实际需要，允许经过法定的程序，在合理的范围内对预算数进行调整。因此，从预算的实际运行的视角，可用决算数与经立法机关批准的调整预算数之间的偏离来衡量政府预决算偏离度。这种偏离程度剔除了从年初批准的预算数到调整预算数的变动，扣除了经法定程序许可的预算偏离。基于此，本节根据计算公式，重新测度基于调整预算数的预决算偏离度并取绝对值，以检验研究结论的稳健性。

以基于调整预算数计算的预决算偏离度指标为被解释变量，重新进行回归，结果如表 3-4 第（1）列和第（2）列所示。回归结果显示，考虑政府预算经法定程序许可的调整，反映新《预算法》实施政策效应的交互项，回归系数绝对值有所下降，但系数整体仍显著为负。这表明新《预算法》的实施对收支预决算偏离具有显著的降低作用，结论与基准回归相一致。

表 3-4　稳健性检验：基于调整预算数的偏离和75%分位数分组

变量	基于调整预算数的偏离度		75%分位数分组	
	收入预决算偏离度	支出预决算偏离度	收入预决算偏离度	支出预决算偏离度
	（1）	（2）	（3）	（4）
$D_{\text{group}} \times \text{Post}_t$	−0.011 6①	−0.032 4***	−0.060 1*	−0.185**
	（0.006 87）	（0.009 62）	（0.029 1）	（0.082 6）
控制变量	是	是	是	是
时间效应	是	是	是	是
个体效应	是	是	是	是
观测值数量	231	231	231	231
R^2	0.611	0.623	0.639	0.497

注：①括号中为标准误，在市州层面聚类稳健标准误计算；②***、**和*分别代表在1%、5%和10%的水平上显著。

3.3.4.2　采用不同分组方式：75%分位数分组

为避免实证结果所显示的政策影响效果是由相对实验组造成的，这里进一步以样本市州政府财政透明度均值的75%分位数为标准②，将新《预算法》实施前财政透明度小于75%分位数，财政透明度低、财政收支规范度相对较低的地区作为处理组（取值为1），将财政透明度均值大于75%分位数，财政透明度高、财政收支行为相对更规范的地区作为处理组（取值为0）。基于新的实验组和控制组划分方式进行回归，结果如表3-4第（3）列和第（4）列所示，在收入预决算偏离模型和支出预决算偏离模型中，反映政策效应的回归系数均显著为负，从估计系数看，新《预算法》的实施使收入预决算偏离度降低了6.01个百分点，支出预决算偏离度降低了18.5个百分点。这表明新《预算法》的实施对收支预决算偏离度均具有明显的降低作用，同时说明基准回归的结论是稳健的。

3.3.4.3　剔除汶川地震的影响

2008年5月12日，四川省汶川县境内发生里氏8.0级大地震，为中

---

① P值为10.8%，临近显著性水平。

② 通过画箱型图可以发现本书的21个市州的政府财政透明度均值数列为偏右分布，且50%~75%之间的数据分布集中。为了避免直接使用中位值分组法造成对照组与处理组的差异不显著的情况，本书采用四分之三分位数分组法，即大于75%分位数的市（州）取值为0，小于75%分位数的市（州）取值为1。

华人民共和国成立以来影响最大的地震之一。"一方有难、八方支援"，为进行地震救援和灾后重建，上级政府的转移支付、其他地区的对口支援、社会各界的捐助纷至沓来，给予救灾和重建工作以巨大支持。由于受灾地区政府编制预算时，很难预计转移支付和社会捐赠的具体数额，这使得受灾地区政府在预算执行中需要对预算安排进行较大调整，从而使预算表现出较大的偏离。为排除这种灾害冲击对研究结论可能造成的影响，本节根据民政部官方统计的受灾情况，剔除阿坝、绵阳、广元三个受灾严重地区的样本，基于模型（1）重新进行回归，结果如表 3-5 第（1）列和第（2）列所示。回归结果显示，无论是在收入预决算偏离模型中，还是在支出预决算偏离模型中，反映新《预算法》实施的政策效应的交互项系数依然显著为负。这表明排除汶川地震可能产生的影响后，结论依然稳健。

表 3-5　稳健性检验：剔除汶川地震和宏观政策影响

变量	剔除地震严重的灾区		党的十八大后的反腐败	
	收入预决算偏离度	支出预决算偏离度	收入预决算偏离度	支出预决算偏离度
	（1）	（2）	（3）	（4）
$D_{group} \times Post_t$	$-0.019\ 0^{**}$	$-0.087\ 1^{*}$	$-0.023\ 9^{**}$	$-0.095\ 1^{**}$
	$(0.006\ 69)$	$(0.048\ 2)$	$(0.009\ 52)$	$(0.036\ 4)$
控制变量	是	是	是	是
时间效应	是	是	是	是
个体效应	是	是	是	是
观测值数量	198	198	147	147
R^2	0.577	0.504	0.331	0.407

注：①括号中为标准误，在市州层面聚类稳健标准误计算；②***、** 和 * 分别代表在 1%、5% 和 10% 的水平上显著。

3.3.4.4　宏观政策影响：党的十八大后的反腐败

本节样本数据的时间跨度为 2008—2018 年，这意味着政府预决算偏离可能受到其他宏观政策的影响。2012 年党的十八大后，中央反腐败工作深入推进，一些违纪违法的领导干部相继被查。反腐败对政府和官员的行为有着约束和规范作用，同时有助于减少利用职权任意安排和使用财政资金的行为，进而增强预算的约束力。

为此，我们担心前文呈现的新《预算法》实施对预决算偏离的减降作用，并非新《预算法》实施所致，而是由反腐败斗争产生的。为消除这一担忧，本节采取如下处理方式：其一，将样本时间缩短为2012—2018年，使对照组和处理组中的所有样本都处于党的十八大后反腐败工作的影响中。其二，为控制不同地区反腐败力度差异可能对研究结论的干扰，进一步控制地区反腐败程度。具体而言，借鉴王贤彬等（2016）的做法，通过统计各地区党的十八大以来落马的副厅级及以上的官员人数，来反映反腐败工作对贪腐违纪行为的打击力度。依据现有的信息公开情况，本节主要通过手工收集了四川省廉洁网站①公开的各市州近年落马官员的信息，整理出各市州副厅级及以上的落马官员人数。在式（3-1）的基础上，缩短样本区间至党的十八大之后，并控制刻画各地反腐败情况的各地落马官员人数变量，回归结果如表3-5第（3）列和第（4）列所示。从回归结果不难发现，新《预算法》实施的政策效应的交互项系数仍显著为负，且回归系数绝对值未明显变化，这表明剔除反腐败因素的影响后，与前文结果相一致，新《预算法》对政府收支预决算偏离具有明显的降低效应。

3.3.5 进一步分析

3.3.5.1 新《预算法》与"超收""短收"行为

本节的被解释变量主要是考察地方政府决算数与年初预算数之间的差异程度，因此前文中未区分预决算之间的正向偏离和负向偏离。为进一步探究新《预算法》的实施，对政府预决算之间正向偏离和负向偏离的具体影响，本节根据基于年初预算数计算的预决算偏离度，将收入预决算偏离度大于0的样本视为正向偏离样本，收入预决算偏离度小于0的样本视为负向偏离样本，进而识别出收入预算中的"超收""短收"行为；支出预算只有极个别样本出现负向偏离的情况，故未进一步区分支出预算中的"超支""短支"行为。

根据式（3-1），对两个子样本分别进行回归，为使结果直观，本节对收入预决算偏离度为负的样本进行回归时，将负向的收入预决算偏离度取绝对值。实证结果如表3-6所示。表中第（1）列和第（2）列反映了新《预算法》的实施对政府"超收"行为的影响，在控制严格的时间效应后仍然显著为负。这意味着新《预算法》的实施显著地降低了政府收入预决

---

① 中共四川省纪委 四川省监察委员会廉洁四川官网（http://www.scjc.gov.cn/scdc）。

算偏离，有助于约束"超收"行为。表中第（3）列和第（4）列，反映了新《预算法》的实施对政府"短收"行为的影响，政策效应的交互项系数同样显著为负。这表明新《预算法》的实施也有助于减少地方政府的"短收"行为。

表 3-6　新《预算法》对政府收入预决算偏离的影响："超收""短收"

变量	（1）正向预决算偏离度	（2）正向预决算偏离度	（3）负向预决算偏离度	（4）负向预决算偏离度
$Post_t$	-0.096 1** （0.043 3）		-0.350** （0.164）	
$D_{group} \times Post_t$	-0.026 9** （0.012 7）	-0.019 7* （0.010 7）	-0.142** （0.055 8）	-0.125*** （0.013 6）
控制变量	是	是	是	是
时间效应	否	是	否	是
个体效应	是	是	是	是
观测值数量	197	197	34	34
R^2	0.567	0.649	0.930	0.997

注：①括号中为稳健标准误；②***、**和*分别代表在 1%、5% 和 10% 的水平上显著；③在第（4）列中，由于样本量只有 34 个，涉及的市州有 17 个，同时控制年份的固定效应后，若再控制所有控制变量则待估参数个数超过样本观测值，故未加入所有控制变量。

3.3.5.2　新《预算法》与省级政府预决算偏离

通过前文的分析可以发现，新《预算法》对市级层面政府的收支预决算偏离行为具有显著的治理作用。囿于全国地级市历年月度执行数据可得性，本章采用的是四川省各市州层面数据，研究结论可能是预算法治效应的局部表现。为此，本节通过收集整理样本省份 2008—2018 年全省层面一般公共预算收支的年初预算数、决算数，进一步探究新《预算法》是否对全国省级政府层面的预决算偏离行为具有治理效应。具体而言，本节测度了省级政府层面基于年初预算数的预决算偏离程度；并采用同样的研究思路，计算了 2012—2014 年各省份财政透明度得分均值（取相反数），以刻画样本省份在新《预算法》实施之前的财政收支行为规范程度（D_{group2}）。用取相反数的财政透明度均值乘以政策年份变量（$Post_t$），构造省级政府层面的政策处理效应的强度 DID 交互项（$D_{group2} \times Post_t$）；对式（3-1）重新进行回归估计，结果如表3-7所示。表中第（1）列和第（3）列是控制新《预算法》实施前后时间变量、地区个体效应以及其他变量得到的回归结果；第（2）列和第（4）列是更为严格地同时控制时间固定效应和地区固定效应的回归结果。回归结果显示，无论是将时间效应设定为改革前后，还是更严格地控制时间固定效应，新《预算法》的实施对省级政府层面的收入预决算偏离、支出预决算偏离均具有显著的降低作用。这意味着新《预算法》的实施，不仅降低了市级政府层面的预决算偏离度，也对全国省级政府层面的预决算偏离行为具有治理作用。

表3-7　新《预算法》对省级地方政府预决算偏离的影响

变量	（1）收入预决算偏离度	（2）收入预决算偏离度	（3）支出预决算偏离度	（4）支出预决算偏离度
$Post_t$	$-0.056\,3^*$ (0.032 9)		$-0.109\,3$ (0.079 2)	
$D_{group2} * Post_t$	$-0.014\,4^*$ (0.008 4)	$-0.015\,4^*$ (0.008 6)	$-0.042\,6^*$ (0.022 2)	$-0.044\,9^{**}$ (0.021 7)
控制变量	是	是	是	是
时间效应	否	是	否	是
个体效应	是	是	是	是
观测值数量	330	330	330	330
R^2	0.261 7	0.475 7	0.465 8	0.558 9

3.3.6　新《预算法》对地方政府预决算偏离影响的机制检验

前文的实证分析表明，新《预算法》有助于降低地方政府预决算偏离，那么新《预算法》降低地方政府预决算偏离的作用机制是什么？理论上，造成地方政府预决算偏离的直接原因在于预算编制的质量不高和预算执行约束力不足。本部分主要从预算编制和预算执行两个方面，对新《预算法》影响地方政府预决算偏离的传导机制进行检验。

3.3.6.1　年初预算编制

新《预算法》要求政府的全部收入和支出都应当纳入预算，实行全口径预算管理。政府支出必须以经人大批准的预算为依据，未列入预算的不得支出；同时要求参考上一年预算执行情况、支出绩效评价结果和年度收支预测，以及征求各方面意见后进行编制，预算编制要与财政政策相衔接；此外，新《预算法》还对转移支付和地方债务作出规范。这些都有助于提升预算编制的科学性和合理性，进而减少政府在预算执行中因编制水平低导致的预算调整行为，降低预决算偏离。为了检验这一机制，本章收集了样本地区的年初预算数和年内的调整预算数，以年度内地区收支预算数与对应的调整预算数之间的差异作为预算编制偏离度的衡量指标，即

收入预算编制偏离度＝｜收入调整预算数−收入年初预算数｜/收入年初预算数

支出预算编制偏离度＝｜支出调整预算数−支出年初预算数｜/支出年初预算数

该方法的内在逻辑在于：年初预算数是人大年初批准的法定预算数，在预算执行过程中可能会出现预算编制时未预期的、确实需要调整预算的情况，政府可以编制预算调整方案并按规定的程序向人大申请调整预算，经人大审查批准调整后的新预算数为调整预算数。预算调整在很大程度上是对年初批准的预算数的合法修正，调整预算数与年初预算数之间的差异直接反映了对年初预算编制的偏离程度。本节在式（3−1）的基础上，以预算编制偏离度为被解释变量，通过检验新《预算法》实施对收支预算编制偏离度的影响，来检验新《预算法》是否通过提高预算编制质量降低了预决算偏离。

表3−8报告了回归结果，从第（1）列的回归结果可以发现，反映新《预算法》实施政策效应的交互项变量系数显著为负，表明新《预算法》对收入预算编制偏离具有显著的降低作用。第（2）列显示，刻画政策效应的交互项变量系数在统计意义上也不显著，表明新《预算法》的实施，对地方政府支出预算编制偏离的校正作用不显著。这意味着，新《预算法》通过完善收入预算编制，增强了收入预算编制的科学性和合理性，降低了收入预决算偏离；但并未通过提升支出预算编制质量而降低支出预算编制偏离。可能的解释是：地方政府一般公共预算收入主要由税收、非税收入构成，税收的透明性、可预期性比较强，相对更易提高其预算编制水平。就支出预算而言，支出预算编制极具复杂性，支出预算编制水平在很大程度上受编制者预算技术水平、政府政策、经济社会环境变化等因素的影响，支出预算编制是一项系统工程，这使得新《预算法》未能显著提高其预算编制水平。

表 3-8　机制检验一：降低预算编制偏离

变量	（1）	（2）
	收入预算编制偏离度	支出预算编制偏离度
$D_{\text{group}} \times \text{Post}_t$	−0.013 7**	0.014 9
	（0.006 46）	（0.050 9）
控制变量	是	是
个体效应	是	是
时间效应	是	是
观测值数量	231	231
R^2	0.363	0.274

注：①括号中为稳健标准误；②***、**和*分别代表在1%、5%和10%的水平上显著。

3.3.6.2　年度预算执行

除预算编制引致的偏差外，预算执行的规范性和约束力不够也是引发预算偏离的重要原因。就预算执行而言，因预算审批后资金下达不及时、预算中未分配资金过多、预算单位工作不到位等，年底时财政账户上就容易沉淀大量资金。为了实现预算年度内的财政支出量，这部分资金不得不在年底分配出去。这种"突击花钱"的行为极易造成财政资金的低效和无效率使用，甚至导致违规花钱的行为。为检验新《预算法》是否通过强化预算执行约束而降低收支预决算偏离度，本节收集了样本地区1—6月预算累计执行数和年末最后两个月的执行数，分别检验新《预算法》对预算执行进度和年底"突击花钱"的影响。

（1）执行进度：1—6月预算累计执行情况。新《预算法》明确规定了各级政府转移支付下达的时限，其中要求市级一般转移支付在预算批准后30日内下达，专项转移支付60日内下达。因此，尽管各地市人代会召开的时间存在差异，但截至当年6月末，转移支付的预算资金应当及时到位，其他支出预算也应及时下达，前6月的预算执行占比在很大程度上可以反映预算是否及时下达及预算执行情况。具体而言，本节以政府收支预算的年中1—6月累计执行数占收支决算数的比例作为衡量预算执行进度的指标，即

1—6月收入累计数占比=1—6月收入累计数/收入决算数

1—6月支出累计数占比=1—6月支出累计数/支出决算数

本书在式（3-1）基础上，以年中1—6月累计预算执行数占比为被解释变量，评估新《预算法》的实施是否提升了预算执行进度，是否通过强化预算执行来降低预决算偏离。回归结果如表3-9所示，表中第（2）列中反映，新《预算法》实施政策效应的交互项系数显著为正，这意味着新《预算法》的实施促进了政府预算的及时下达，强化了预算的约束力。表3-9第（1）列显示，新《预算法》的实施对于收入预算的年中执行情况的影响不显著，这符合收入预算的执行特性。地方政府一般公共预算收入主要由税收收入和非税收入组成，收入预算的执行进度主要受区域内经济和社会发展水平的影响，收入预算更多是预期性的（楼继伟，2014），故预算法律对其执行进度的影响较弱。

表3-9　机制检验二：规范预算执行

变量	(1)	(2)	(3)	(4)	(5)	(6)
	1—6月收入累计占比	1—6月支出累计占比	年底收入占比	年底支出占比	7—10月收入占比	7—10月支出占比
$D_{\text{group}} \times \text{Post}_t$	0.001 95	0.024 6***	−0.007 02	−0.024 9***	0.001 70	−0.016 5*
	(0.006 79)	(0.005 87)	(0.007 71)	(0.006 84)	(0.006 11)	(0.008 62)
控制变量	是	是	是	是	是	是
时间效应	是	是	是	是	是	是
个体效应	是	是	是	是	是	是
观测值数量	231	231	231	231	231	231
R^2	0.289	0.836	0.300	0.731	0.335	0.671

注：①括号中为稳健标准误；②***、**和*分别代表在1%、5%和10%的水平上显著。

（2）年底执行情况。规范预算执行是降低预决算偏离的有效途径，年底"突击花钱"是预算执行不规范的典型表现①。政府年底"突击花钱"行为，一方面反映前期根据预算安排应下达资金却未及时下达，另一方面也反映政府预算配置不合理、未安排到具体事项、预算执行单位预算活动非效率和非规范等。为了进一步检验新《预算法》的实施是否规范了政府预算的执行行为，本书收集了样本地区历年一般公共预算收入和支出的

---

① 当然，预算支出中年年底支出相对比较集中也有合理的部分，比如特定公共工程或政府购买项目，根据合同资金支付在年终会相对较多。但更应该看到，大量预算资金在年终支付或花出去，也有不少不合理的"突击花钱"成分。

1—10月累计执行数，计算出各年度最后两个月收支的执行数，以各市州历年一般公共预算最后两个月的收支占比来刻画政府在年底时的财政收支行为。政府年底收支占比的具体计算公式如下：

政府年底收入占比＝（收入决算数－1—10月收入累计执行数）/收入决算数

政府年底支出占比＝（支出决算数－1—10月支出累计执行数）/支出决算数

本节在式（3-1）的基础上，分别以政府年底收入占比、政府年底支出占比替代原被解释变量进行回归，结果如表3-9的第（3）列和第（4）列所示。表中第（3）列结果显示，新《预算法》的实施对政府的年底收入占比的影响系数为负，但在统计意义上并不显著；这意味着新《预算法》实施并未显著降低年度收入占比，这与预算收入主要是基于税法规定的时间和程序依法征缴的实际相一致。表中第（4）列表明新《预算法》实施政策效应的交互项系数为负且在1%水平上显著，这意味着新《预算法》的实施对政府年底支出占比具有显著的降低作用，有效地减少了政府年底"突击花钱"的行为，规范了政府预算执行行为。

为进一步检验新《预算法》对预算执行进度的约束力，本节还计算了7—10月累计执行数的占比，以此刻画地方政府在年中到年末之间的财政收支行为。在式（3-1）的基础上，分别以7—10月收入、支出的累计执行数占比替代原被解释变量进行回归，结果如表3-9的第（5）列和第（6）列所示。结果显示新《预算法》的实施降低了地方政府7—10月的支出执行数，减少了7—10月地方政府集中花钱的行为。这进一步表明新《预算法》有力地促进了地方政府及时下达预算资金，减少了政府"突击花钱"的行为。

3.4　本章小结

本章从市州层面地方政府的财政预算视角，提供了预算法治降低地方政府收入、支出预决算偏离度的经验证据，探讨了新《预算法》如何降低地方政府预决算偏离度及其动态效应，重点检验了新《预算法》对提升地方政府预算编制水平和规范预算执行的影响；同时，还进一步考察了预算法治对地方政府收入、支出的不同偏离行为的影响。具体说来，本章利用2015年实施新《预算法》这一准自然实验，以表征地区预算收支规范性的财政透明度，作为地方政府财政收支行为受新《预算法》影响强度的指标，构建了"类政策实验"的 DID 模型，并使用四川省 21 个市州 2008—2018 年的相关数据，评估了新《预算法》对地方政府预决算偏离行为的影响。研究发现：新《预算法》的实施降低了地方政府收支预决算偏离，增强了政府预算的约束力；进一步的机制检验显示，新《预算法》通过增强收入预算编制的科学性，降低了收入预决算偏离；通过促进支出预算的及时下达，约束政府年底"突击花钱"行为，降低了支出预决算偏离。此外，本章还发现，新《预算法》对支出预算变动幅度影响不显著，支出预算在年初编制时质量不高、实际执行中仍存在着较大幅度调整，这意味着具有总括性的新《预算法》对支出预算编制的指导和规范作用有待提升。本章的研究结论为进一步降低地方政府预决算偏离，强化预算约束，建立全面规范透明、标准科学、约束有力的预算制度提供了经验证据。

4　人大监督与地方政府预决算偏离

　　我国宪法和法律赋予了人大及其常委会对政府预算决算的审查权、批准权、监督权等①，建立了一套完整的政府预算控制机制，贯穿于政府预算的整个过程，包括编制、审查批准、执行、调整和决算。宪法和法律在授权的同时，对人大履行预算职能也作出了具体规定和要求②，明确了人大预算审查监督的方式和范围、审查监督的重点、可批准的预算调整事项等。目的就在于通过各级人大对政府预算的审查批准和执行监督，促使政府科学合理地安排预算、保证预算执行不偏离决策目标，实现对政府行为的控制和约束。探究人大监督对地方政府预决算偏离的治理效应，对推进地方政府预算治理能力现代化具有重要的理论价值和现实意义。

---

　　①　《中华人民共和国宪法》第二条规定，"中华人民共和国的一切权力属于人民。人民行使国家权力的机关是全国人民代表大会和地方各级人民代表大会"。第六十二条规定全国人民代表大会审查和批准国家的预算和预算执行情况的报告。第六十七条规定全国人民代表大会常务委员会在全国人民代表大会闭会期间，审查和批准国家预算在执行过程中所必须作的部分调整方案。第九十九条规定县级以上的地方各级人民代表大会审查和批准本行政区域内的政府预算以及它们的执行情况的报告。《中华人民共和国地方各级人民代表大会和地方各级人民政府组织法》第九条、第四十四条，《中华人民共和国各级人民代表大会常务委员会监督法》第十五条、第十七条、第十九条，《预算法》第二十条、第二十一条都有相关规定。

　　②　新《预算法》第四十八条、第七十九条规定了各级人民代表大会及其常委会对预算决算的审查重点，第六十七条规定了预算调整由同级人大常委会审查批准，第八十三、第八十四条、第八十五条还具体规定了人大预算监督的范围和方式，第五十条、第八十一条规定县级以上地方各级政府将下一级政府报送备案的预算决算汇总后，报本级人民代表大会常务委员会备案，第九十七条规定各级政府综合财务报告报本级人民代表大会常务委员会备案。

4.1 问题的提出

预算是财政的核心，反映了政府活动范围、方向和政策，也体现了国家权力机关和人民对政府活动的监督（陈共，2015）。党的十八届三中全会明确指出，加强人大预算决算审查监督和国有资产管理监督职能，对政府预算进行全口径的审查监督。作为党和国家监督体系的重要组成部分，宪法和法律赋予各级人民代表大会及其常务委员会预算审查监督职责，有效的人大监督关乎着建立约束有力的现代预算制度。随着新《预算法》的实施，财政越来越透明，原有体制下的预算不规范行为逐渐显现。

现有的关于人大预算审查监督的文献，也多强调人大监督作用未充分发挥。例如，政府编制好年初预算后，提交到人大进行审查的数据量大、对应可供审查的资料有限、缺乏具体的预算项目信息等（王绍光和马骏，2008；朱大旗，2014；孙磊，2015；安志刚，2019；尚虎平和刘俊腾，2021）。人大又存在着审查时间短、专业审查人员较少、代表们难以看懂预算等问题（朱大旗和李蕊，2012；华国庆，2014；王秀芝，2015；林慕华，2016；王逸帅，2017；邢斌文，2019），及时有效地审查政府预算安排的财政支出是否符合实际的难度较大。此外，从主观上来看，财政部门负责为政府编制财政预算，作为被监督者，没有动机主动披露过多的审查信息。人大负责审查政府提交的财政预算，作为监督者，受限于既有工作环境和业务水平，难以全面准确地掌握预算信息（林慕华和马骏，2012），无法提出更为翔实准确的审查意见。此外，人民代表大会与同级政府在人事、资金等方面常常具有关联性，这使得人大在行使预算审查监督权力时慎之又慎，会避免与同级党委发生冲突，没有强烈的横向问责的动机（马骏，2007；杨进 等，2021）。

党的十八大以来，以习近平同志为核心的党中央把加强人大预算决算审查监督和国有资产监督管理职能，作为坚持和完善人民代表大会制度、推进国家治理体系和治理能力现代化的一个重要内容，并作出了一系列重要决策部署，采取了一系列改革措施。如2015年以来，新《预算法》开始实施、人大预算审查监督重点向支出预算和政策拓展、实施人大预算联网监督等一系列重要改革举措，推动着新时代人大预算审查监督制度健全完善和审查监督效能提升，对规范预算行为和提高预算绩效有着积极的作用。2021年4月，在条件逐渐成熟的背景下，全国人民代表大会常务委员会出台新修订的《关于加强中央预算审查监督的决定》，从法律层面明确对政府财政预算决算开展全口径审查和全过程监管。

可见，人大监督应是建立约束有力的现代预算制度的重要力量。那么，人大监督是否降低了地方政府预决算偏离，又具有哪些治理特征呢？基于此，本书运用2012—2020年省际面板数据，实证评估了人大监督对地方政府预决算偏离行为的影响。研究发现：第一，人大监督降低了地方政府收入预决算偏离和支出预决算偏离。第二，相比预算执行环节，人大监督对地方政府预算编制环节的影响更为明显。从人代会召开期间来看，人大专门委员会预算审查结果意见力度越弱的地区，增强人大代表监督力度的动机越强；从人代会闭会期间来看，人大常委会财政监督力度越强的地区，通过人大代表所提建议来降低地方政府预决算偏离行为的动机越弱。第三，运用现代信息技术来完善人大预算审查监督制度，人大预算联网监督系统成为加强人大监督力度的有效替代手段。第四，人大监督对本级政府可控的支出预决算偏离行为，具有显著的治理作用。本章的研究结论表明人大监督在增强地方政府预算治理能力方面发挥着重要作用。

4.2　制度背景与理论分析

4.2.1　制度背景

我国的政权组织形式是人民代表大会制度，是实现人民当家作主的基本途径。具体说来，人民代表大会由人民群众民主选举产生，是人民行使国家权力的机关，受人民监督（王桦宇，2017）。全国人民代表大会是最高国家权力机关，地方各级人民代表大会是地方国家权力机关（万其刚等，2004）。在各级人大闭会期间，由各级人大常委会行使权力，并对本级人民代表大会负责和报告工作。立法权、决定权、任命权和监督权是人大拥有的基本权力，决定国家权力的来源和运行方式，是推进国家治理体系和治理能力现代化的有力支撑。

我国的国家行政机关、监察机关、审判机关、检察机关均由人民代表大会产生，受人大监督（张智辉，2003）。我国各级人民代表大会及其常委会作为权力机关，对政府预算全方位的审查监督可以有效地规范、控制和监督政府财政收支行为，是现代预算人民主权的集中体现。但从审查监督成效来看，人大监督的制度优势并未充分显现，亟须从程序性监督向实质性审查监督转变（蔡定剑，2004；华国庆，2009；王秀芝，2009；魏陆，2011）。近年来在党中央"正确监督、有效监督"的要求下，地方各级人大及其常委会不断加大对政府财政预算的审查监督力度，创新预算审查监督方式，逐渐走向了程序性监督与实质性监督相结合的阶段。尤其是党的十八大以来，以习近平同志为核心的党中央高度重视人大预算决算审查监督工作，并作出了一系列重要决策部署，采取了一系列改革措施，进一步加强对中央预算的审查监督，同时也为各地方人大推进预算审查监督工作提供了重要依据。

4.2.2　理论分析

在公共选择理论中，政府官员基于经济人的自利特性，具有最大化预算自由裁量权的动机（Dunlevy，2014）。政府又是基于代议制或代表制的法定程序成立、受社会公众或人民之托履行公共产品和服务提供职能的代理机构。地方政府作为代理人，拥有比社会公众更多的预算信息优势，削弱了委托人的控制能力（王金秀，2002）；地方政府有能力和动机突破预算约束，谋求个人利益最大化，委托代理问题随之出现，最终表现为预决算偏离。人大作为人民群众民主选举产生的权力机关，是人民当家作主的直接体现，代表着人民群众的利益，需要对人民负责。我国宪法和法律赋予各级人民代表大会及其常务委员会预算审查监督职责（任喜荣，2009）。各级人大的预算审查和执行监督可以弱化地方政府在预算安排和资金使用上的信息垄断，缓解地方政府与社会公众之间长期存在的信息不对称，使政府的预算安排能更好地满足人民群众对美好生活的需要，减少政府预算偏离政策目标的行为。人大监督对地方政府预算收支行为的影响，主要体现在以下治理途径（如图4-1所示）：

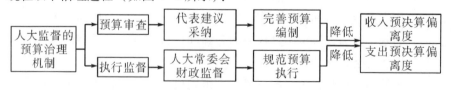

图4-1　人大监督降低地方政府收支预决算偏离的作用机理

4.2.2.1 预算审查

人大预算审查集中体现在年初人代会时，本级人大代表针对政府提交的财政预算草案和执行情况进行审议并发表建议，相关部门须对人大代表的建议或议案进行回复和办理，督促"一府两院"办理和落实人大代表建议和议案是人大依法履职的有效方式（罗庆久，2012）。可以看出，人代会是各层次、各领域广大公民的有序政治参与，人大代表通过人代会提建议或议案的方式，可以正式地传递其代表的人民群众的意见诉求，使地方政府更加了解辖区群众的公共需求。在年初召开的人代会上，人大代表们集体参与式地审查财政预算草案，可以更广泛、更直接地传递社会各阶层的需求，促使地方政府不断调整完善年初预算安排（林尚立，2006），使之更符合民意，进而减少执行过程中的预算调整。人大也拥有对预算的修正权，可以依法对政府所提交的预算草案进行修正，从制度设计上为提高预算安排质量提供了条件。

4.2.2.2 执行监督

年初人代会审查批准的财政预算，是政府执行本年度预算的法律依据。然而，地方政府在预算执行过程中，往往存在执行不规范、随意调整预算等行为（李英，2018），严重损害了预算的权威性和约束力。本级人大常委会拥有在人代会闭会期间监督预算执行的权力，通过常委会工作人员对财政收支执行记录的监督、人大代表审查批准预算调整和执行情况、执法检查等监督方式，及时发现和通报预算执行不规范和违法违规问题，有权督促相关部门及时整改和完善（李兰英和刘辉，2006），有效地约束政府预算执行偏离预算目标的行为。如人大代表通过实地走访、调研、听取群众意见等方式，了解现实中的预算需求和项目执行情况，在预算安排和执行情况等专题审议会议上提出合理的质询、建议等，成为闭会期间人大常委会履行监督职能的重要内容。一是人大常委会将代表的建议整理后印发办理，尤其是人大代表的质询和问责性质的建议，地方政府须对此逐一答复，实现监督的跟踪问效，促使预算执行符合预期目标。二是人大代表热议关注的问题，也成为人大履行监督职能时的关注对象，有助于把民生难题、热点问题上升为人大监督的议题，促使人大进行专题询问，甚至启动特定问题调查，追究负责领导人的政治责任和法律责任，这样可以及时纠正地方政府预算执行过程中的违规违法行为。

此外，各省（自治区、直辖市）的预算审查监督条例也明确规定了责令纠正、行政责任和刑事责任等法律责任。如地方政府未按照规定对本级人大的预决算、审计工作等审议意见进行研究处理，须限期改正；对负有直接责任的主管人员等依法追究行政责任，人大行使撤职权等刚性监督方式形成的问责效应，进一步强化了人大的问责追责权力。这会对地方政府官员潜在的违规行为产生震慑。为降低人大问责带来的政治风险，地方政府官员会主动减少预算执行中非合理化的偏离行为，降低预决算偏离，保证财政资金切实用于满足人民群众的美好生活需要。

4.3　人大监督对地方政府预决算偏离影响的实证分析：来自省级层面的证据

4.3.1　变量选择与模型设定

4.3.1.1　变量选择

（1）地方政府预决算偏离。依据第 2 章的偏离测度分析，本章依然采用基于年初预算数测度的预决算偏离程度作为被解释变量，以实现在预算年度内全过程地考察地方政府预算从年初编制到决算时的偏离行为。测度方法与前文一致，采用地方政府年初预算数与实际决算数差来衡量地方政府预决算偏离（取绝对值）。

（2）人大监督。我国的人民代表大会制度决定着国家权力的来源和运行方式，是推进国家治理体系和治理能力现代化的有力支撑。作为党和国家监督体系的重要组成部分，我国宪法和法律赋予了人大及其常委会对政府预算决算的审查权、批准权、监督权等，建立了一套完整的政府预算控制机制。人大预算审查和执行监督，成为促进政府合理安排预算、保证预算执行不偏离预算目标的重要手段。本章主要考察人大监督对地方政府收支预决算偏离的治理效应。笔者通过到实务部门调研，发现在人代会上会对人大监督工作进行总结，汇报上年人代会上人大代表所提建议或者议案的办理情况，故本章通过收集样本省份历年人代会上的本级人大常委会工作报告，整理出各省份历年人大代表所提建议数，以此来刻画人大监督，从而解决现有人大监督研究中难以量化分析的难题。选择人大代表所提建议数来衡量人大监督程度，具有较强的合理性：其一，本级人大代表在年初人代会上，会针对政府提交的财政预算草案和执行情况进行审议并发表建议和意见，相关部门须对人大代表的建议进行回复和办理，调整和完善财政预算，促使政府提升预算管理的科学性和合理性，建议数量可以有效地反映人大代表提出审查监督意见的能力。其二，年初人代会上人大代表所提建议内容，成为人大闭会期间人大常委会履行监督职能的重要关注点，年初建议数几乎等同于该年度末的建议办理数，有助于量化人大监督的执行效力。其三，财政是国家治理的基础和重要支柱，人大代表对政府工作报告等的建议意见，在很大程度上会通过调整预算安排和监督预算执行情况来落实、体现，人大代表所提建议数可以反映人大对预算监督的力度。

（3）主要控制变量。本章的控制变量主要包括人均地区生产总值、地区年末常住人口数、地区年末就业人口数、地区下辖区县总数、消费率、财政支出规模、财政自给率、第二产业占比、第三产业占比。为减弱可能产生的异方差并方便解读，部分变量取自然对数。

4.3.1.2 模型设定

为检验人大监督对地方政府预决算偏离的治理效应，本章运用省际面板数据，构建了人大监督与地方政府财政收支预决算偏离的双向固定效应模型（式4-1）：

$$\text{Deviation}_{it} = \beta_0 + \beta_1 \ln\text{PPC}_{it} + \sum \beta_j \text{Controls}_{it} + \gamma_t + \mu_i + \varepsilon_{it} \quad (4\text{-}1)$$

其中，被解释变量 Deviation_{it} 为各省份 t 期的基于年初预算数计算的地方政府财政收入预决算偏离和财政支出预决算偏离的绝对值，下标 i 和 t 分别表示第 i 个省份和第 t 年；γ_t 表示时间固定效应，μ_i 表示地区固定效应。本章主要关注的核心解释变量人大监督，已有研究多采用定性分析的方式来研究人大预算审查监督工作，难以对其进行量化分析。本章通过手工收集样本省份历年人代会上人大常委会工作报告，整理出人代会上人大代表所提建议数（$\ln\text{PPC}_{it}$），有助于弥补既有研究难以量化分析人大监督的不足。β_1 则是表示人大监督对地方政府收支预决算偏离的治理效应大小。Controls_{it} 为一系列控制变量，ε_{it} 为随机误差项。

4.3.1.3 数据说明

基于数据可得性和可比性，本章以我国30个省份地方财政一般公共预算为研究对象，样本地区的决算数、调整预算数以及控制变量数据来源于

2013—2020 年的《中国财政年鉴》、各省份历年统计年鉴①。各省份的年初预算数来源于本级人民政府官网、财政部门、本级人大官网等公开的财政预算报告，各省份人大监督数据来自本级人大常委会官网等网站收集的各省份历年人大常委会工作报告，均由笔者收集整理所得。主要变量的描述性统计如表 4-1 所示。可以看出，支出预决算偏离的均值高于收入预决算，支出预决算偏离的波动范围也大于收入预决算。从取自然对数后人大建议数的最小值和最大值来看，各省份人大所提建议数的差异也较大。

表 4-1　主要变量的描述性统计

变量名称	变量符号	观测值	平均值	标准差	最小值	中位数	最大值
收入预决算偏离度	Deviation_1	270	0.042	0.055	0.000	0.027	0.407
支出预决算偏离度	Deviation_2	270	0.166	0.127	0.000	0.148	0.770
人大监督	Lnppc	270	6.494	0.493	5.257	6.560	7.638
人均地区生产总值	Lnpergdp	270	10.878	0.422	9.889	10.827	12.013
地区年末常住人口数	Lnpop	270	8.208	0.735	6.351	8.254	9.438
地区年末就业人口数	Lnemploy	270	6.109	0.779	3.619	6.155	7.633
地区下辖区县总数	Lncounty	270	4.372	0.590	2.639	4.595	5.209
消费率	Consumption	270	0.389	0.067	0.222	0.390	0.603
财政支出规模	Gov2	270	0.253	0.104	0.118	0.229	0.643
财政自给率	Gov2	270	0.495	0.188	0.151	0.452	0.931
第二产业占比	Ratio_gdp2	270	0.423	0.085	0.158	0.435	0.577
第三产业占比	Ratio_gdp3	270	0.480	0.095	0.309	0.471	0.839

4.3.2　人大监督对地方政府预决算偏离影响的回归结果

为尽量减弱无法观测的地区异质性对回归结果的影响，本章控制了省际固定效应，并使用省份层面的聚类稳健标准误。在表 4-2 报告的回归结果中，第（1）列和第（2）列控制了地区和时间的固定效应，并控制了可能影响结果的地区控制变量，回归结果表明人大监督显著降低了地方财政收入预决算偏离和地方财政支出预决算偏离。考虑到财政分权和地区下辖的区县个数，也可能会对地方政府的收支预决算偏离产生影响，本章在第（3）列和第（4）列进一步控制了财政分权程度和辖区区县个数变量；回

---

① 由于本书研究开展时尚未开始决算审查批准，则以 2020 年财政预算执行数替代各省份 2020 年财政预算的决算数，通过收集官网公开的预算执行数得到。

归结果显示，收入预决算偏离的估计系数绝对值略有下降，支出预决算偏离估计系数的绝对值则有较为明显的上升，这意味着回归结论不变并与现实观察相一致，初步验证了本章的研究推论。相比较而言，人大监督对于支出预决算偏离的治理效应更明显。

表4-2 人大监督对地方政府收支预决算偏离的影响：基准回归

变量	（1） 收入预决算 偏离度	（2） 支出预决算 偏离度	（3） 收入预决算 偏离度	（4） 支出预决算 偏离度
Lnppc	−0.031**	−0.058**	−0.030**	−0.063**
	（0.016）	（0.026）	（0.013）	（0.026）
Lnpergdp	0.014	−0.100	0.066	0.015
	（0.088）	（0.100）	（0.088）	（0.101）
Lnpop	0.028	−0.034	0.139	0.156
	（0.147）	（0.196）	（0.134）	（0.164）
Lnemploy	−0.037	−0.027	−0.013	0.002
	（0.042）	（0.099）	（0.035）	（0.083）
Consumption	−0.132	−0.009	−0.176*	−0.034
	（0.082）	（0.125）	（0.095）	（0.119）
Gov1	−0.098	0.403	0.007	0.548
	（0.246）	（0.417）	（0.222）	（0.416）
Ratio_gdp2	−0.270	1.382	−0.278	1.329*
	（0.423）	（0.870）	（0.404）	（0.804）
Ratio_gdp3	0.065	1.000	0.122	0.993
	（0.361）	（0.609）	（0.350）	（0.601）
Gov2			−0.513**	−1.015***
			（0.212）	（0.246）
Lncounty			−0.044	0.069*
			（0.048）	（0.041）
常数项	0.226	0.996	−0.842	−1.300
	（1.569）	（1.825）	（1.469）	（1.606）
个体固定效应	是	是	是	是
时间固定效应	是	是	是	是
观测值数量	270	270	270	270
R^2	0.293	0.710	0.352	0.744

注：①括号中为省级层面的聚类稳健标准误；②***、**和*分别代表在1%、5%和10%的水平上显著。下表同。

4.3.3 稳健性检验

4.3.3.1 安慰剂检验

模型设定时遗漏重要变量将会导致内生性问题，会对基准回归中的因果关系产生严重干扰（范子英和王倩，2019）。如果某些未观测到的变量同时使得人大监督增加和地方政府的收支预决算偏离度降低，那么基准回归中显示的降低作用就不能解释为是人大监督了降低预决算偏离。

本章利用安慰剂检验来排除遗漏变量对基准回归结论的干扰。主要思路是，如果理论上人大监督没有增加，同时按照基准回归方法仍检验出来人大监督对地方政府收支预决算偏离的降低作用，则说明本书的基准回归中的逻辑关系是错误的，可能是遗漏变量引起地方政府收支预决算偏离度降低。据此，本节做了两组安慰剂检验，具体如下：

（1）以其他省份加权的人大代表建议数替换核心解释变量。理论上，其他省份加权的人大代表建议数不会促使本省份的人大代表建议数增加。本节选择加权方式计算的人大代表建议数（Lnppc_w）作为基准回归中核心解释变量的"安慰剂"。如果回归得到的系数仍显著，则说明遗漏变量可能使得人大监督与地方政府收支预决算偏离之间存在负向关系。回归结果如表4-3第（1）列和第（2）列所示，系数并不显著，表明地方政府收支预决算偏离与其他省份加权的人大代表建议数之间不存在相关关系，这为本书的研究推论提供了有力的佐证。

表4-3 安慰剂检验：替换核心解释变量和被解释变量

变量	（1）收入预决算偏离度	（2）支出预决算偏离度	（3）加权收入预决算偏离度	（4）加权支出预决算偏离度
Lnppc			−0.001 （0.002）	0.004 （0.004）
Lnppc_w	−0.028 （0.070）	0.032 （0.124）		
常数项	−0.949 （1.596）	−2.253 （1.998）	0.434** （0.189）	0.145 （0.279）
控制变量	是	是	是	是
个体固定效应	是	是	是	是
时间固定效应	是	是	是	是

表4-3(续)

变量	（1） 收入预决算 偏离度	（2） 支出预决算 偏离度	（3） 加权收入 预决算偏离度	（4） 加权支出 预决算偏离度
观测值数量	270	270	270	270
R^2	0.342	0.735	0.774	0.924

（2）以其他省份加权的预决算偏离度替换被解释变量。按照前文分析，基准回归中的人大监督是指本省份人代会中人大代表所提的建议数，因此该指标只会通过影响本省份的地方政府财政收支行为来降低预决算偏离，而不会对其他省份加权的预决算偏离产生治理作用。如果检验出两者之间存在负向关系，则说明可能存在其他因素导致人大监督能力越强的省份，其地方政府的收支预决算偏离度也越低。回归结果如表4-3第（3）列和第（4）列所示，回归系数并不显著，表明本省份的人大监督力度与其他省份加权的预决算偏离之间并不存在显著的相关关系，强化了本书基准回归结论的可信度。

（3）内生性问题。本章主要讨论的是人大监督对地方政府预决算偏离的影响，解释变量与被解释变量之间可能存在内生性影响，较为突出的就是可能具有反向因果关系。本章衡量人大监督的指标是人大代表所提建议数，较高的地方政府预决算偏离度意味着地方政府财政收支行为规范程度越弱，有可能引致更多的人大建议。同时，考虑到地方政府的财政预算可能具有渐进性特征，上期地方政府的预决算会影响到本期的预决算（Lee和Plummer，2007；Marlowe，2009）。因此本节也进一步考虑了上期的收入预决算偏离度、支出预决算偏离度对本期的影响。通过引入因变量的一阶滞后项，将式（4-1）扩展为式（4-2）所示的动态模型。

$$\text{Deviation}_{it} = \beta_0 + \beta_1 \ln\text{PPC}_{it} + \beta_2 \text{Deviation}_{i,\,t-1} +$$
$$\sum \beta_j \text{Controls}_{it} + \gamma_t + \mu_i + \varepsilon_{it} \qquad (4\text{-}2)$$

式（4-2）是一个动态面板模型，在一定程度上可以通过动态面板数据的计量方法来消除基准回归模型估计时造成的内生性偏误，从而获得解释变量系数的一致估计（Roodman，2006）。由于系统GMM估计方法，在一阶差分方程基础上增加了水平值的回归方程，有助于增强差分估计中工具变量的有效性，使估计结果更具有效性和一致性。因此，本节采用系统GMM估计方法对式（4-2）进行估计（Arellano and Bover，1995；Blundell and Bond，1998），以解决内生性造成的估计偏差。回归结果如表4-4第

（1）列和第（2）列所示，上期的收入预决算偏离度、支出预决算偏离度对本期各自的预决算偏离度具有显著的正向影响，这在一定程度上反映出地方财政预算具有渐进性。同时人大监督对收支预决算偏离度依然具有显著的降低作用，进一步验证了本章基准回归模型的稳健性。其中，序列相关检验表明模型存在一阶自相关而不存在二阶自相关，Hansen 检验表明模型不存在过度识别问题，Diff-in-Hansen 检验表明工具变量具有外生性。

表 4-4　稳健性检验：内生性问题

变量	系统 GMM 估计	
	（1） 收入预决算偏离度	（2） 支出预决算偏离度
L. Deviation_1	0.248 * (0.134)	
L. Deviation_2		0.748 *** (0.136)
Lnppc	−0.101 * (0.050)	−0.111 * (0.063)
AR（1）检验 P 值	0.014	0.000
AR（2）检验 P 值	0.825	0.751
Hansen 检验 P 值	0.812	0.216
Diff-in-Hansen 检验 P 值	0.730	0.490
控制变量	是	是
个体固定效应	是	是
时间固定效应	是	是
观测值数量	240	240

注：第（1）列和第（2）列采用系统 GMM 估计。AR（1）和 AR（2）检验的原假设是一阶差分方程的残差项序列存在一阶自相关和二阶自相关。Hansen 检验的原假设是方程不存在过度识别的问题，Difference-in-Hansen 检验的原假设是工具变量是外生的。

4.3.3.2　其他的稳健性检验

（1）人大监督力度的不同测度。本章的基准回归模型是以人代会上人大代表所提建议数（取自然对数）作为核心解释变量，该指标可能会受到该省份人大代表的人数多少的影响，从而对基准回归的结果造成干扰。为此，本节通过手工收集整理各省份每届人大代表的总人数，计算出各预算年度的人均建议数，以此来进一步测度人大监督力度。回归结果如表4-5第（1）列和第（2）列所示，人均建议数的回归系数依然显著为负，与基准回归的结论一致。

（2）剔除2020年新冠疫情的影响。2020年世界范围内暴发了新冠疫情，各国的经济受到不同程度的冲击。面对这次突发的重大公共危机事件，我国采取"党委领导、政府主导、军地联合、社会参与"的特色应急管理措施，取得了疫情防控阻击战的胜利。财政作为国家治理体系和治理能力现代化的基础和重要支柱，为化解公共危机提供政策和财力保障。尤其在新冠疫情暴发初期，通过阶段性提高地方财政资金留用比例、加快转移支付下达、压减一般性支出，确保基层政府的疫情防控经费和"三保"①底线；通过财政直接补贴、税收优惠、政府采购等政策，确保基层的疫情防控工作经费充足、患者不因费用问题而贻误救治、保障医疗资源供给等。为此，为剔除新冠疫情对地方政府财政收支预决算偏离造成的影响，本节去掉了2020年的样本数据，对式（4-1）重新进行估计。回归结果如表4-5第（3）列和第（4）列所示，人大监督对地方政府收入预决算偏离度、支出预决算偏离度仍然具有显著的降低作用，表明本书基准回归中的结论依然成立。

（3）考虑直辖市的影响。本章的研究样本中含有北京、天津、上海、重庆4个直辖市，与其他省份的行政特征不同。为排除特定地区对基准回归结论的影响，本节将上述4个直辖市从样本中剔除，并对式（4-1）重新进行回归。结果如表4-5中第（5）列和第（6）列所示，人大监督对地方政府收入预决算偏离度、支出预决算偏离度的回归系数仍然显著为负，这意味着本书基准回归结论具有稳健性。

表4-5　其他稳健性检验

变量	替换解释变量		考虑2020年新冠疫情影响		剔除直辖市样本	
	（1）收入预决算偏离度	（2）支出预决算偏离度	（3）收入预决算偏离度	（4）支出预决算偏离度	（5）收入预决算偏离度	（6）支出预决算偏离度
Lnperppc	-0.029** (0.012)	-0.051** (0.020)				

---

① 即保基本民生、保工资、保运转。

表4-5(续)

变量	替换解释变量		考虑2020年新冠疫情影响		剔除直辖市样本	
	(1) 收入 预决算 偏离度	(2) 支出 预决算 偏离度	(3) 收入 预决算 偏离度	(4) 支出 预决算 偏离度	(5) 收入 预决算 偏离度	(6) 支出 预决算 偏离度
Lnppc			-0.024^{*} (0.014)	-0.066^{***} (0.023)	-0.026^{*} (0.014)	-0.074^{**} (0.031)
常数项	-1.095 (1.439)	-1.859 (1.579)	-3.699^{*} (2.108)	0.229 (3.175)	-2.964^{*} (1.599)	-2.716 (2.182)
控制变量	是	是	是	是	是	是
个体固定效应	是	是	是	是	是	是
时间固定效应	是	是	是	是	是	是
观测值数量	270	270	240	240	234	234
R^2	0.355	0.743	0.344	0.773	0.365	0.750

4.3.4 进一步分析

4.3.4.1 人大监督与预决算偏离：预算编制与预算执行

本书所测度的收支预决算偏离度是地方政府从年初预算到决算时的偏离程度。基于此，年初预算编制质量和预算执行时的约束效力，都可能直接影响地方政府收支预决算偏离度。本节将通过实证检验来进一步分析人大监督对预算编制和预算执行环节的影响。

(1) 预算编制。采用前文中预算法治对地方政府预决算偏离的影响研究思路，考虑到在很大程度上预算调整是对年初批准的预算数的合法修正，调整预算数与年初预算数之间的差异直接反映了对年初预算编制的偏离程度。本节基于手工收集到的各省份年初预算数和调整预算数，以年度内该地区收支年初预算数与对应的调整预算数之间的差异作为预算编制偏离度的衡量指标，从而得到各省份地方政府收入、支出预算编制偏离度。在式（4-1）基础上，本节以预算编制偏离度为被解释变量，取自然对数的人大代表建议数作为解释变量，实证检验了人大监督对地方政府预算编制环节的影响效应，回归结果如表4-6第（1）列和第（2）列所示。

(2) 预算执行。预算执行不到位，会弱化预算执行效力，极易造成财政资金的低效和无效使用，甚至导致地方政府的违规花钱行为。基于此，本节也基于调整后的预算数来测度调整预算数与决算数之间的偏离程度，在一定程度上可以反映地方政府的预算执行偏离情况。通过计算得到各省份地方政府收入、支出基于调整预算数的预决算偏离度，并在式（4-1）基础上，以基于调整预算数的预决算偏离度为被解释变量，取自然对数的人大代表建议数作为解释变量，实证检验了人大监督对地方政府预算执行环节的治理效应，回归结果如表4-6第（3）列和第（4）列所示。

从表4-6可以看出，就预算编制而言，人大监督对地方政府收入、支出预算编制偏离度的影响均显著为负；就预算执行而言，地方政府基于调整预算数的支出预决算偏离度显著为负，基于调整预算数的收入预决算偏离度并不显著，但这可能与收入预算主要受经济发展的影响有关。上述分析表明，人大监督对地方政府预算编制环节的治理效应更明显。

表4-6　进一步分析：人大监督对地方政府预算编制和预算执行的影响

变量	（1）收入预算编制偏离度	（2）支出预算编制偏离度	（3）收入预算执行偏离度	（4）支出预算执行偏离度
Lnppc	-0.020^{*} (0.011)	-0.070^{**} (0.033)	0.001 (0.010)	-0.025^{***} (0.008)
常数项	-1.096 (1.211)	-0.610 (2.105)	0.617 (1.263)	4.586^{***} (1.100)
控制变量	是	是	是	是
个体固定效应	是	是	是	是
时间固定效应	是	是	是	是
观测值数量	270	270	270	270
R^2	0.365	0.740	0.349	0.728

4.3.4.2　人大监督与预决算偏离：本级财政预决算偏离

另一个值得探究的问题是，年度预算执行中的新增债务、追加追减的转移支付等预算编制和执行中的非可控因素同样会造成地方政府预决算偏离。本节为进一步探究人大监督对本级政府可控的预决算偏离行为的影响，通过各省份财政官网、本级人大官网等，手工收集了各省份本级一般公共预算的年初预算数、决算数（若有缺失时以年末预算执行数替代），计算出各省份本级财政的预决算偏离度。在式（4-1）的基础上，以本级财政预决算偏离度作为被解释变量，重新进行回归后，结果如表 4-7 所示。可以看出，人大监督对本级财政的支出预决算偏离度具有显著的降低作用，而对本级的收入预决算偏离度的影响并不显著。这意味着人大监督对本级政府可控的支出预决算偏离行为，仍具有显著的治理作用，本级收入预决算偏离行为可能与经济发展因素更相关。

表 4-7　人大监督对省级地方政府收支预决算偏离的影响

变量	省级层面预决算偏离影响	
	（1） 收入预决算偏离度	（2） 支出预决算偏离度
Lnppc	0.019 （0.050）	−0.077* （0.045）
常数项	−4.595 （4.063）	−7.075** （3.555）
控制变量	是	是
个体固定效应	是	是
时间固定效应	是	是
观测值数量	270	270
R^2	0.475	0.552

4.3.5　拓展性分析

4.3.5.1　人大监督与预决算偏离：人大专委会预算审查

本级人民代表大会作为年初预算审查监督的权力机关，下设有财政经济委员会等专门委员会，主要负责研究、审议和拟定有关议案，对属于本级人大及其常委会职权范围内的有关问题，可以进行调查研究并提出建议。新《预算法》明确规定[①]其应当对政府财政预算草案初步方案及上年执行情况进行初步审查，提出初审意见。基于此，本节进一步探究人代会时上年人大专委会预算审查结果意见的力度对人大代表所提建议数的影响。通过收集各省份历年人大专委会关于财政预算审查结果的报告，并使 Nvivo 11 软件对其审查结果的意见用词进行分析，选取了与审查结果的意

---

①　新《预算法》第二十二条规定，省、自治区、直辖市人民代表大会有关专门委员会对本级预算草案初步方案及上一年预算执行情况、本级预算调整初步方案和本级决算草案进行初步审查，提出初步审查意见。

见力度有关的词语，分别为完善、进一步、深化、强化、加强、加大、推进，不够、不高、不细、偏慢，严禁、不得、约束、规范、管理，绩效、压力、债务、风险。据此统计出词频总数并取自然对数，来衡量人大专委会预算审查结果报告的意见力度（Lnreview）。本节将该指标与人大代表建议数（Lnppc）的交乘项放入回归模型，检验上年人大专委会预算审查结果意见的力度对人大代表建议数的差异化影响。回归结果如表4-8第（1）列和第（2）所示，支出预决算偏离度的交乘项系数显著为正，说明上年人大专委会预算审查结果的意见力度更强的地区，比审查意见力度更弱的地区通过增强人大代表监督力度来降低地方政府预决算偏离度的动机更弱，即人大专委会预算审查结果的意见力度越弱的地区，增强人大代表监督力度的激励越强。

表4-8　人大专委会预算审查对人大监督与地方政府收支预决算偏离的影响

变量	本年人大专委会预算审查意见力度	
	（1）	（2）
	收入预决算偏离度	支出预决算偏离度
Lnppc	0.001	−0.511 ***
	（0.088）	（0.187）
Lnreview	0.018	−0.806 **
	（0.149）	（0.311）
Lnppc×Lnreview	−0.001	0.127 **
	（0.023）	（0.049）
常数项	−0.651	2.448
	（1.827）	（2.375）
控制变量	是	是
个体固定效应	是	是
时间固定效应	是	是
观测值数量	160	160
R^2	0.367	0.786

4.3.5.2　人大监督与预决算偏离：常委会财政监督

一般而言，各省份人民代表大会一年召开一次，主要集中在年初。本节所选择的核心解释变量为年初人代会时人大代表所提建议数，该建议数在次年的工作报告中体现为办理意见数。在人代会闭会期间，人大常委会代表人民代表大会履职，成为组织代表履行人大监督职能的主体，补充人大代表在闭会期间的监督作用。为此，本节尝试进一步分析闭会期间人大常委会的财政监督工作对地方政府预决算偏离的治理效应。基于前文收集的数据，本节所选择的人大常委会财政监督力度数据，来自各省份历年人代会上的人大常委会工作报告。主要是通过使用 Nvivo 11 软件对人大常委会工作报告进行词频分析，统计出有关财政监督的词频总数，并取自然对数。基于对所有样本的词频分析，本节选取了与财政监督有关的词语，分别为财政、预算、决算、资金、资产、债券、债务、审计、全口径、联网监督、政策拓展、投资、收入、支出、绩效。

理论上，各地人大常委会财政监督工作的能力不同，人大代表的监督力度也可能存在较大差异。为此，本节将人大常委会财政监督能力①（Lncommittee）与人大代表建议数（Lnppc）的交乘项放入回归模型中，检验人大常委会财政监督工作的强弱对人大代表建议数的差异化影响。回归结果如表4-9第（1）列和第（2）所示，交乘项的回归系数均显著为正，说明人大常委会财政监督力度更强的地区，比监督力度弱的地区通过增强人大代表监督力度来降低地方政府预决算偏离度的动机更弱，即人大常委会财政监督能力较弱的地区，增强人大代表监督力度的激励会更强。

表4-9　人大常委会对人大监督与地方政府收支预决算偏离的影响

变量	人大常委会财政监督力度		人大预算联网监督系统	
	（1）	（2）	（3）	（4）
	收入预决算偏离度	支出预决算偏离度	收入预决算偏离度	支出预决算偏离度
Lnppc	−0.069***	−0.120***	−0.034**	−0.087***
	（0.023）	（0.044）	（0.014）	（0.026）
Lncommittee	−0.109*	−0.169*		
	（0.058）	（0.089）		
Lnppc×Lncommittee	0.017*	0.029**		
	（0.009）	（0.014）		
Network			−0.059	−0.377**
			（0.102）	（0.167）

① 需要说明的是，由于年初人代会上，本级人大常委会需要报告上一年监督工作情况，与人大代表审议本年年初预算草案时间一致。本章采用的是根据人代会召开时间，将数据进行对应，正好可以反映上年人大常委会监督力度对当年人大代表审议预算的影响。

表4-9(续)

变量	人大常委会财政监督力度		人大预算联网监督系统	
	（1）	（2）	（3）	（4）
	收入预决算偏离度	支出预决算偏离度	收入预决算偏离度	支出预决算偏离度
Lnppc×Network			0.009	0.056**
			(0.016)	(0.026)
常数项	−0.606	1.504	−0.784	−0.904
	(1.434)	(1.844)	(1.492)	(1.513)
控制变量	是	是	是	是
个体固定效应	是	是	是	是
时间固定效应	是	是	是	是
观测值数量	270	270	270	270
R^2	0.359	0.717	0.353	0.752

4.3.5.3 人大监督与预决算偏离：预算联网监督系统

人大对地方政府的预算审查监督，囿于信息不足、审查监督力量有限、代表看不懂预算等，长期存在着监督者与被监督者之间信息不对称的现象，人大监督难以真正做到实处。完善新时代的人民代表大会监督制度，运用现代信息技术来提升人大预算审查监督实效，是破解这一难题的重要手段，也是建立和完善中国特色社会主义预算审查监督制度的有益探索（周克清 等，2019）。基于此，党的十八大之后，广东、四川、黑龙江等省份纷纷加快了人大预决算审查监督信息化的探索进程，并取得了不错的成效。2017年6月，全国人大常委会办公厅印发的《关于推进地方人大预算联网监督工作的指导意见》，要求在全国推进人大预算联网监督工作，三年内完成基本布局。至此，全国各级地方人大运用大数据技术，自主研发建设本省份的人大预算联网监督系统。各地人大上线的预算联网监督系统，可以通过网络实时查询、报送、预警和分析人大预算审查监督的相关信息，提升监督内容的翔实性、时效性和针对性，有效地解决预算审查监督中信息不对称的问题。这不仅推进财政信息公开透明，还进一步加强了人大对政府全口径预算决算的审查和监督，全面促进了政府预算行为规范有序。

本节利用各省份人大预算联网监督系统开始上线运行的时间，进一步探究人大常委会创新预算审查监督手段对地方政府预决算偏离行为的治理效应。笔者整理各地系统上线时间，发现各省份实际上线人大预算联网监督系统的年份存在差异，多集中于该意见印发年份。基于此，本书构建了人大预算联网监督系统的政策虚拟变量 $Network_{it}$，将各地人大上线人大预算联网监督系统之后的年份取值为 1，其他年份取值为 0；并在基准回归模型设定中，通过引入地方人大预算联网监督系统的政策虚拟变量 $Network_{it}$ 和其与人大代表建议数（Lnppc）的交乘项，来检验人大预算联网监督系统对人大代表建议数的差异化影响。回归结果如表 4-9 第（3）列和第（4）列所示，支出预决算偏离度的交乘项回归系数显著为正，表明上线人大预算联网监督系统后，比没有上线人大预算联网监督系统时通过增强人大代表监督力度来降低地方政府预决算偏离度的动机更弱，人大预算联网监督系统成为加强人大监督力度的有效替代手段；收入预决算偏离度的回归系数并不显著为正，这可能与其受经济发展因素影响更大有关。

4.4 本章小结

各级人民代表大会及其常务委员会作为国家权力机关，决定国家权力的来源和运行方式，是推进国家治理体系和治理能力现代化的有力支撑。本章基于省级政府层面的视角，提供了人大监督对地方政府预决算偏离行为的治理证据，并进一步探究了人大监督在预算审查和执行监督环节的治理效果，同时还拓展性地分析了人代会期间人大专委会预算审查、闭会期间人大常委会财政监督力度和采用预算联网监督系统的影响。具体说来，本章运用 2012—2020 年省际面板数据，实证评估了人大监督对地方政府预决算偏离行为的影响。研究发现：人大监督降低了地方政府收入预决算偏离度和支出预决算偏离度。进一步分析发现，相比预算执行环节，人大监督对地方政府预算编制环节的影响更为明显；同时人大监督对本级政府可控的支出预决算偏离行为，具有显著的治理作用，对本级政府收入预决算偏离的影响并不显著。拓展性分析发现，对于支出预算而言，人大专委会预算审查结果意见力度越弱的地区，通过增强人大代表监督力度的动机会越强；人代会闭会期间，人大常委会财政监督力度越强的地区，通过人大代表所提建议数来降低地方政府收支预决算偏离行为的动机越弱。此外，运用现代信息技术来完善人大预算审查监督制度，人大预算联网监督系统成为加强人大监督力度的有效替代手段。

5　审计监督与地方政府预决算偏离

　　审计作为党和国家监督体系的重要组成部分，是推进国家治理体系和治理能力现代化的中坚力量。但近年来国家审计"放水"的声音不绝于耳，引发了社会各界对国家审计监督效力的担忧。因此，探究国家审计能否约束地方政府财政收支行为，对推进地方政府的预算治理具有重要的现实意义。本章以省级层面地方政府作为研究对象，提供了国家审计对地方政府收支预决算偏离的治理影响的经验证据。理论上，审计建议采纳的制度完善效应、审计整改的行为纠偏效应、审计问责的震慑效应，应使国家审计对地方政府预决算偏离行为具有矫正作用。研究发现：国家审计显著地降低了地方财政收支预决算偏离度；审计建议采纳、审计问责显著降低了地方财政收入预决算偏离度，审计整改和审计问责显著降低了地方财政支出预决算偏离度；借助人大监督力量，审计监督对地方财政收支预决算偏离的治理效应得到增强。进一步研究发现，国家审计对本级政府可控的预决算偏离行为具有治理效应，而新增债务和转移支付收入的增加会弱化审计监督对地方财政预决算偏离的治理作用。本章从省级政府预算收支行为的视角，为审计作为党和国家监督体系的重要组成部分的定位提供了实践证据；同时还进一步探究了国家审计推进预算治理现代化的内在逻辑，为强化审计成果运用和增强现代预算的约束力提供了经验支持。

5.1　问题的提出

　　约束有力的预算制度，要求无预算不得支出，预算执行应尽可能与预算批准保持一致。然而，现行的预算管理制度仍存在诸多问题，如地方政府存在预算编制时高估冒算、预算执行时随意调整，以及违规开支公务费用等行为（王志刚和杨白冰，2019；蒋悟真，2014；倪娟 等，2021），这些最终表现在预算和决算的差异上。地方政府预决算偏离过大，不可避免地损害了法律的权威性，弱化权力机关和人民群众通过预算来监督政府财政行为的作用，最终危及财政可持续性和政府公信力。

国家审计作为依法用权力监督制约权力的重要制度安排（刘家义，2015），对地方政府预算行为产生着深刻的影响。党的十八大以来，中央高度重视审计监督工作，赋予了审计党和国家监督体系重要组成部分的全新定位。既有研究也表明，财政审计对公共资源受托责任的履行（财政预算活动）进行监督和评价（池国华和陈汉文，2017），能够揭露地方政府在使用公共资金和公共权力时存在的问题并促进其整改，通过提出审计建议推动完善相关制度和健全法治（刘家义，2012），从根本上减少腐败、防范债务风险和抑制公共预算执行过程中异常开支等违规行为（陈丽红 等，2016；余应敏 等，2018；宋夏云 等，2016；张琦 等，2018），维护财政安全（刘雷 等，2014）和提升政府治理效率（李明和聂召，2014）。可见，国家审计形成的行政监督体制，承担着对公共资金和公共权力运行实施监督和约束的职责，在扎紧地方政府预算"笼子"方面发挥着重要作用。从审计成效来看，全国各级审计机关共审计 65 万多个单位，自党的十八大以来促进增收节支和挽回损失 2.5 万亿元，移送违纪违法问题线索 2.35 万件①。但客观地说，审计工作报告反映的"挤占、挪用专项资金、乱支虚支"等普遍性问题依然屡审不止（黄溶冰和乌天玥，2016），问题资金追缴和责任主体问责面临较大困难（王春飞 等，2016）。那么，国家审计的预算治理效应到底如何，实践中是否有效地抑制了地方政府收支预决算偏离行为？

为回答这一问题，本章运用 2008—2017 年的省际面板数据，考察国家审计对地方政府财政收支行为偏离的治理效应，以期为建立约束有力的现代预算制度提供审计监督层面的经验依据。与以往文献相比，本章可能的理论贡献在于：从国家审计监督的层面，实证检验了国家审计对地方政府财政收支预决算偏离的治理效应；揭示了审计通过建议采纳、审计发现问题的整改、审计移送问责线索等成果运用方式来发挥预决算偏离矫正作用的内在逻辑，进一步支持了审计在国家治理体系中重要地位的理论论断和中国实践。同时，已有的国家审计效应实证文献，还未实证检验过审计整改结果向本级人大常委会报告的机制效果；本章结合该创新型制度设计的建立时间，构建审计整改报告机制政策虚拟变量，实证检验了审计整改报

---

① 2018 年 1 月全国审计工作会议在京召开[EB/OL].(2018-01-09)[2023-12-20].http://www.gov.cn/xinwen/2018-01/09/content_5254859.htm.

告机制在强化审计治理地方政府预决算偏离时的作用，进一步支持了国家审计改革中的创新型制度设计。此外，本章通过手工收集各省份的年初预算数，刻画了地方政府预算年度内全过程的偏离程度，克服了现有预决算偏离的测度多是基于调整预算数，不能反映偏离全貌的局限性，拓展了地方政府预决算偏离的治理文献。

5.2 制度背景与理论框架

5.2.1 制度背景

1950 年以来，我国审计监督长期设置于财政机构内，实行监审合一。1982 年 12 月，第五届全国人民代表大会第四次会议通过的《中华人民共和国宪法》[①]，规定进行审计监督[②]。1983 年 9 月国务院依法正式设立审计署，之后地方各级政府相继设立审计厅（局），地方政府审计机关受本级人民政府和上一级审计机关的双重领导（张鼎祖和刘爱东，2015）。为保障审计机关依法监督和规范地方政府财政收支行为，我国宪法和法律[③]赋予了审计机关处理处罚权、行政强制措施权、建议给予行政处分权和建议纠正违法规定权等权限。

从审计实践来看，我国国家审计主要分为政策落实跟踪审计、财政审计、政府投资项目审计、经济责任审计等。审计机关可以依法对政府的全部收入和支出，以及相关经济活动进行审计（倪娟 等，2021）。其重要职责之一就是每年对本级各部门（含直属单位）财政预算的执行情况和其他财政收支情况，以及财政决算情况进行审计。目的是监督地方政府是否依据人大审查和批准的财政预算开展收支行为，以便及时发现和纠正地方政府财政收支中的违法违规行为。比如，审计机关通过对地方政府财政预算执行情况等实施审计，可以揭示地方政府使用财政资金时，存在的预算编

---

① 1949 年 10 月中华人民共和国成立后，全国人民代表大会分别于 1954 年 9 月、1975 年 1 月、1978 年 3 月和 1982 年 12 月制定、颁布了四部《中华人民共和国宪法》。"八二"宪法为 2018 年修订版，为我国现行宪法。

② 《中华人民共和国宪法》第九十一条规定国务院设立国家审计机关，对国务院各部门和地方各级政府的财政收支，对国家的财政金融机构和企业事业组织的财务收支，进行审计监督。

③ 《中华人民共和国审计法》和《中华人民共和国审计法实施条例》明确了审计机关具有 16 种审计权限。

制不细化、执行不合理、超预算购置等机会主义行为（戚艳霞和王鑫，2013）。基于审计发现的问题，审计机关会出具相关审计报告，阐明审计处理情况，及时纠正地方政府违法违规行为，以及运用审计建议权针对发现的问题从制度机制根源上提出完善建议（郑石桥和梁思源，2018）。可以看出，国家审计作为依法用权力制约权力的制度安排，发挥着常态化"经济体检"和"国家财产看门人"的作用（彭华彰 等，2020；陈健，2020）。通过审计监督来提升地方政府财政预算编制的严肃性和保障预算执行的规范性，成为降低地方政府收支预决算偏离度的重要方式。

但国家审计监督的覆盖范围、执行时的独立性和审计整改的有效性（马志娟和刘世林，2012），始终受到多种因素的影响。审计监督作用和效力亟待提升，审计体制机制改革也迫在眉睫。2014 年 10 月，国务院印发《国务院关于加强审计工作的意见》，要求发挥好审计促进国家重大决策部署落实的保障作用和狠抓审计发现问题的整改落实；2015 年，中共中央办公厅、国务院办公厅印发了《关于完善审计制度若干重大问题的框架意见》及相关配套文件，明确了新时代国家审计机关在维护经济秩序、推动改革、强化问责、保障发展等方面的职责和任务。这与全方位监督财政资金和公共权力运行相契合（程乃胜，2016），也是实现"应审尽审、凡审必严、严肃问责"的客观要求。此外，由于我国注重建立以财政部门为核心的预算管理体制，以及与之匹配的政府内部自上而下的问责机制，政府行政体系内部的上下级服从关系不断固化（张琦和吕敏康，2015）。针对审计机关接受多重领导的工作困境，中央于 2018 年 3 月成立中央审计委员会，提升审计监督的独立性。习近平总书记在中央审计委员会第一次会议上，明确指出审计是党和国家监督体系的重要组成部分，赋予了审计新的时代定位。因此，新时代国家审计作为实现国家善治不可缺少的重要力量，对规范地方政府财政收支行为、治理预决算偏离具有重要作用。

5.2.2 理论框架

国家审计形成的行政监督体制，作为依法用权力监督制约权力的制度安排，是实现地方政府预算治理的重要保障。新时代国家审计更为重要的是通过依法、独立行使审计监督权，从宏观角度诊断财政管理运行，深刻揭示体制机制等制度性问题，进而提出改革体制、完善制度、优化机制、强化管理等审计建议，这成为审计发挥"治已病，防未病"作用的重要方式。理论上，审计建议采纳的制度完善效应、审计整改的行为纠偏效应、审计问责的震慑效应使国家审计对地方政府财政预决算偏离行为具有矫正作用。本书正是从这些角度考察了国家审计对地方政府预决算偏离行为的治理效应（如图 5-1 所示），并进行了相应的定量识别。

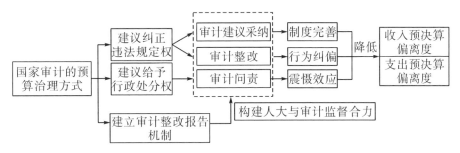

图 5-1　国家审计降低地方政府收支预决算偏离度的作用机理

（1）制度完善效应。建议纠正违法规定权是法律赋予审计机关的职权之一，主要体现在审计机关完成审计项目后，可以针对发现的问题提出相关建议。审计建议分为建议制定或修改部门规定、建议制定或修改法律法规两类，有助于促进各领域政策措施和制度规则的完善。党的十八大以来，各级审计机关提出防范风险、完善制度、深化改革等方面的建议 130多万条，被采纳 99 万多条，已推动健全完善制度 2.38 万项。近年来，根据审计建议情况，各省份开始出台或完善深化行政审批制度改革、加快财政支出标准体系建设、健全财政预算资金管理等方面的制度，从制度源头强化审计的治理作用。因此，地方政府认真研究和采纳审计建议，既有助于被审计单位制定或完善规章制度，也可以促进立法机关制定或修改法律法规，及时堵住制度和管理的漏洞，进而提升地方政府预算编制的科学性和预算执行的规范性，降低地方政府收支预决算偏离度。

（2）行为纠偏效应。国家审计通过对政府总预算和部门预算执行情况等进行审计，能够发现被审计单位存在的违法违规、损失浪费、管理不规范等公共资金使用问题，并依法要求其进行审计整改（张庆龙和谢志华，2009），进而及时纠正财政违法违规行为。比如在预算执行时按季度进行的国家重大政策措施落实情况跟踪审计①，定期公布审计发现的国家重大政策落实时存在的财政资金管理不规范、预算安排和拨付使用不合理、下

---

① 国家重大政策措施落实情况跟踪审计，是指审计机关依法对各地区、各部门贯彻落实国家重大政策措施和宏观调控部署情况，主要是贯彻落实的具体部署、执行进度、实际效果等进行监督检查。

达不及时、资金挤占挪用等问题清单（王帆和谢志华，2019），并提出审计处理处罚要求和审计整改建议，以便及时追回各类违规发放和被骗取套取的财政补助资金、收回和归还原渠道专项资金等，有效地发挥审计作为"国家财产看门人"的作用。由此可见，国家审计建议有助于推动被审计单位将具体问题的整改措施与完善规章制度相结合，将审计整改措施落到实处，及时有效地纠正地方政府预算执行中的非合理化收支行为，降低地方政府收支预决算偏离度。

（3）震慑效应。作为年度施行的经常性监督机制，国家审计会对被审计单位的潜在违规行为产生震慑作用（张琦 等，2018）。审计机关具有建议给予行政处分权，可以通过移送移交处理事项实施国家审计的问责机制。这种正式问责机制，将引发上级部门或者纪检监察机构对官员违规行为进行行政责罚，对相关官员的个人声誉和政治前途产生不利影响（蒲丹琳和王善平，2014）。近年来，国家审计在促进廉政建设方面发挥着积极作用，如领导干部经济责任审计①和领导干部自然资源资产离任审计②（郭鹏飞，2020），有效地揭露了官员在财政资金挤占挪用、公共资源管理利益输送、基层民生领域以权谋私等违规违纪行为，并及时将发现的违法违纪线索移送相关部门进行处理。并且，领导干部经济责任审计结果以及整改情况作为考核、任免、奖惩被审计领导干部的重要参考③，将归入被审计领导干部本人档案。因此，地方政府官员会因审计监督具有的震慑效应，减少财政预算编制和使用过程中的违法违规行为，有助于降低地方政府收支预决算偏离度。

（4）构建监督合力。国家审计在提高财政资金使用效益、维护国家财政经济秩序、促进廉政建设等方面发挥了重要作用。然而，每年审计机关查出的问题中"屡审屡犯"现象仍然比较突出。加强对审计成果的运用，迫切需要从审计管理体制机制着手，如构建审计监督合力，形成复合型的权力监督网络（姜江华 等，2018）。人大依法具有立法权和监督权。听取和审议政府关于年度预算执行和其他财政收支情况的审计工作报告，是各级人大及其常委会每年依法开展预算、决算审查监督的重要方式（朱大旗

---

① 领导干部经济责任审计，即领导干部任职期间，对其管辖范围内贯彻执行党和国家经济方针政策、决策部署，推动经济和社会事业发展，管理公共资金、国有资产、国有资源，防控重大经济风险等有关经济活动应当履行的职责进行审计。

② 领导干部自然资源资产离任审计，是指审计机关依法依规对主要领导干部任职期间履行自然资源资产管理和生态环境保护责任情况进行的审计。

③ 2019年7月，中共中央办公厅、国务院办公厅印发新修订的《党政主要领导干部和国有企事业单位主要领导人员经济责任审计规定》。

和李蕊，2012；林慕华和马骏，2012），但却未对审计发现问题的整改落实情况进行正式的审查监督。在新形势下，为推动审计监督发挥好"治已病、防未病"的重要作用，自2012年省级地方人大开始重视加强审计整改工作，纷纷建立审计查出突出问题整改情况向本级人大常委会报告机制，取得了不错成效。2015年12月，中央建立审计查出突出问题整改情况向全国人大常委会报告机制①，人大监督与审计监督的合力机制在全国逐步建立。可以发现，审计整改报告机制将审计查出突出问题整改情况与人大审查监督地方政府、部门预算决算工作结合起来，将提升审计整改力度和人大审查批准预决算的权威性。因此，审计机关借助人大的监督力量，有助于增强审计成果运用效果，强化国家审计对地方政府收支预决算偏离的治理效应。因此，本章认为国家审计有助于降低地方政府收支预决算偏离度。

5.3 审计监督对地方政府预决算偏离影响的实证分析：来自省级层面的证据

本节重点关注的是国家审计是否能够降低地方政府预决算偏离度，包括地方政府财政收入和财政支出，并进行了相关的稳健性检验；同时进一步地分析了国家审计如何发挥对地方政府的预算治理作用，即探讨了国家审计建议的制度完善效应、行为纠偏效应和震慑效应的治理机制，以及构建监督合力的实践效果。

5.3.1 审计监督的刻画

近年来，审计工作的年度报告揭示了我国财政预算资金分配、使用和管理中存在的许多问题，其中有不少是带有普遍性和机制性的问题（韩峰等，2020）。《国务院关于加强审计工作的意见》（国发〔2014〕48号）将"发现问题，完善机制"作为审计工作的基本原则之一。国家审计"免疫

---

① 2015年8月，中央全面深化改革领导小组第十五次会议审议通过《关于改进审计查出突出问题整改情况向全国人大常委会报告机制的意见》。2015年12月26日十二届全国人大常委会第十八次会议举行的联组会议上，全国人大常委会首次对国务院关于2014年度中央预算执行和其他财政收支审计查出问题整改情况的报告进行专题询问。2020年6月，为贯彻落实习近平总书记关于审计查出问题整改工作的重要批示精神，全国人大常委会办公厅印发了《关于进一步加强各级人大常委会对审计查出突出问题整改情况监督的意见》。

系统"观点也认为，国家审计的作用不仅是揭示问题和纠正问题，更应该是通过发现问题，不断地完善财政管理的规章制度，实现国家审计"免疫系统"作用（刘家义，2012）。新时代国家审计的目的是发现经济运行中好的做法、经验和问题，注重从体制机制层面分析原因和提出建议，帮助被审计单位完善制度、改善管理、增进绩效等，从体制机制源头上堵住漏洞，推动公共部门实现良好治理。审计机关所提出的审计建议数正是"发现问题，完善机制"基本原则的具体体现。基于此，本章选择从审计建议视角来考察国家审计对地方政府预决算偏离行为的治理效应，由于本章研究对象是全省层面的预决算偏离，借鉴已有文献研究思路（喻开志 等，2020；郭芮佳 等，2018；黄溶冰和乌天玥，2016；黄溶冰和王跃堂，2010），选择与之相适应的全省审计机关所提建议总数[①]（取自然对数）来刻画国家审计推进地方政府预算治理的能力。

5.3.2 模型设定与变量选择

5.3.2.1 模型设定

为检验国家审计对地方财政预决算偏离的治理效应，本章运用省际面板数据，构建了国家审计与地方财政收支预决算偏离的双向固定效应模型，如式（5-1）所示：

$$\text{Deviation}_{it} = \beta_0 + \beta_1 \text{Audit}_{it} + \sum \beta_j \text{Controls}_{it} + \gamma_t + \mu_i + \varepsilon_{it} \quad (5\text{-}1)$$

其中，被解释变量 Deviation_{it} 为各省份 t 期的地方政府基于年初预算数计算的财政收入预决算偏离度和财政支出预决算偏离度的绝对值，下标 i 和 t 分别表示第 i 省（自治区、直辖市）和第 t 年；γ_t 表示时间固定效应，μ_i 表示地区固定效应。Audit_{it} 是我们主要关注的核心解释变量国家审计，本章选择国家审计机关提出的审计建议数作为核心解释变量[②]。β_1 表示国家审计对地方政府收支预决算偏离的治理效应大小。Controls_{it} 为一系列控制变量，ε_{it} 为随机误差项。

---

① 本书也进一步探究了不同类型审计建议对预决算偏离的治理作用，鉴于篇幅有限，感兴趣的读者可联系笔者提供。

② 审计机关在地方政府财政预算执行过程中，会对当前年度预算分季度地开展政策跟踪审计，及时发现和纠正地方政府偏离预算行为；同时也会针对当前年度的财政预算执行及其他财政收支情况进行审计，多集于次年1—5月。被审计单位应当按照审计机关规定的期限和要求执行审计决定，须在1~3个月内向审计机关提交整改情况报告（视审计结果具体情况而定）。故提出审计建议到审计整改是可以在当期财政决算前完成的，这有助于提升被审计预算年度的预算和决算数据质量，本书已将《中国审计年鉴》中审计相关数据对应到被审计的预算年度。

5.3.2.2　变量选择

与前面章节测度方法一致，被解释变量为地方财政预决算偏离度，用以衡量地方政府年初预算数与实际决算数之间的差异程度。解释变量为国家审计，本章采用的是与之相适应的全省审计机关所提建议总数（取自然对数）来刻画国家审计推进地方政府预算治理的能力。主要控制变量包括取自然对数的人均地区生产总值、取自然对数的地区年末常住人口数、取自然对数的地区年末就业人口数、城镇化率、固定资产投资率、消费率、财政支出规模、第二产业占比、第三产业占比。

基于数据可得性和可比性，本章以我国 30 个省份地方财政一般公共预算为研究对象，样本地区的决算数、调整预算数、审计数据以及控制变量数据来源于 2009—2018 年的《中国财政年鉴》《中国审计年鉴》和各省份历年统计年鉴。各省份的年初预算数来源于本级人民政府官网、财政部门、本级人大官网等公开的财政预算报告，由笔者收集整理所得。主要变量的描述性统计如表 5-1 所示。可以看出，样本省份政府的一般公共预算收入预决算偏离度均值为 0.089，标准差为 0.096；支出预决算偏离度均值为 0.238，标准差为 0.188，这表明省级政府之间的收入预决算偏离差异较小，而支出预决算偏离差异较大。

表 5-1　主要变量的描述性统计

变量名称	变量符号	观测值	平均值	标准差	最小值	中位数	最大值
收入预决算偏离度	Deviation_1	300	0.089	0.096	0.000	0.059	0.520
支出预决算偏离度	Deviation_2	300	0.238	0.188	0.003	0.197	1.169
国家审计	Lnaudit	300	8.799	0.858	6.489	8.967	10.308
人均地区生产总值	Lnpergdp	300	10.576	0.512	9.196	10.580	11.768
地区年末常住人口数	Lnpop	300	8.187	0.741	6.318	8.249	9.321
地区年末就业人口数	Lnemploy	300	6.015	0.768	3.851	6.105	7.587
城镇化率	Urban	300	0.547	0.132	0.291	0.529	0.896
固定资产投资率	Invest	300	0.744	0.234	0.237	0.753	1.480
消费率	Consumption	300	0.370	0.063	0.239	0.369	0.603
财政支出规模	Gov	300	0.233	0.099	0.087	0.212	0.627
第二产业占比	Ratio_gdp2	300	0.461	0.082	0.190	0.476	0.590
第三产业占比	Ratio_gdp3	300	0.433	0.094	0.286	0.414	0.806

本节也对单个省份审计机关所提建议数均值与样本省份总体均值之间的差异进行 T 检验，结果如图 5-2 所示，发现各地审计机关所提审计建议的均值差异较大，四川、云南、山东、河南等省均值显著高于总体水平。

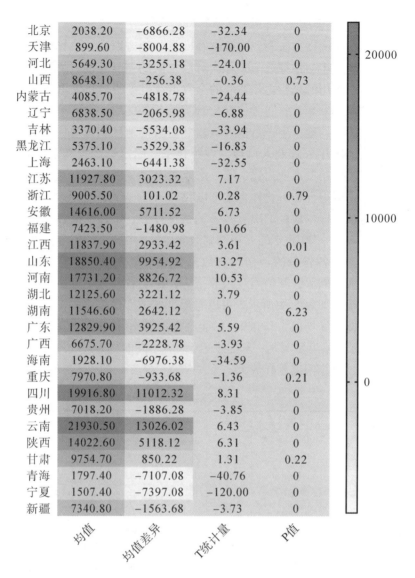

省份	均值	均值差异	T统计量	P值
北京	2038.20	-6866.28	-32.34	0
天津	899.60	-8004.88	-170.00	0
河北	5649.30	-3255.18	-24.01	0
山西	8648.10	-256.38	-0.36	0.73
内蒙古	4085.70	-4818.78	-24.44	0
辽宁	6838.50	-2065.98	-6.88	0
吉林	3370.40	-5534.08	-33.94	0
黑龙江	5375.10	-3529.38	-16.83	0
上海	2463.10	-6441.38	-32.55	0
江苏	11927.80	3023.32	7.17	0
浙江	9005.50	101.02	0.28	0.79
安徽	14616.00	5711.52	6.73	0
福建	7423.50	-1480.98	-10.66	0
江西	11837.90	2933.42	3.61	0.01
山东	18850.40	9954.92	13.27	0
河南	17731.20	8826.72	10.53	0
湖北	12125.60	3221.12	3.79	0
湖南	11546.60	2642.12	0	6.23
广东	12829.90	3925.42	5.59	0
广西	6675.70	-2228.78	-3.93	0
海南	1928.10	-6976.38	-34.59	0
重庆	7970.80	-933.68	-1.36	0.21
四川	19916.80	11012.32	8.31	0
贵州	7018.20	-1886.28	-3.85	0
云南	21930.50	13026.02	6.43	0
陕西	14022.60	5118.12	6.31	0
甘肃	9754.70	850.22	1.31	0.22
青海	1797.40	-7107.08	-40.76	0
宁夏	1507.40	-7397.08	-120.00	0
新疆	7340.80	-1563.68	-3.73	0

图 5-2　2008—2017 年各省份均值与样本省份总体均值差异、T 值、P 值

5.3.3　审计监督对地方政府预决算偏离的回归结果

国家审计作为依法用权力监督制约权力的重要制度安排，是实现地方政府预算治理的重要保障。那么，国家审计是否有效地抑制了地方政府收支预决算偏离行为，对地方政府的预算治理有着怎样的影响？对此，本章考察了国家审计对地方政府收入、支出预决算偏离度的影响。

为尽量减弱无法观测的地区异质性对回归结果的影响，本节控制省际的固定效应，并使用省份层面的聚类稳健标准误。在表5-2报告的回归结果中，第（1）列和第（2）列仅控制了地区和时间双向固定效应，结果显示国家审计显著降低了地方财政收入预决算偏离度和地方财政支出预决算偏离度。第（3）列和第（4）列进一步控制了地区层面的控制变量，估计系数绝对值略有下降，回归结论不变并与现实观察相一致，初步验证了本章的研究推论。从治理效应的大小来看，国家审计建议数每增加1个百分点，地方财政收入预决算偏离度下降约4.2个百分点，支出预决算偏离度下降约8.2个百分点。相比较而言，国家审计对于支出预决算偏离的治理效应更明显。

表5-2　国家审计对地方政府收支预决算偏离的影响：基准回归

变量	（1）收入预决算偏离度	（2）支出预决算偏离度	（3）收入预决算偏离度	（4）支出预决算偏离度
Lnaudit	-0.052^{**}	-0.111^{***}	-0.042^{*}	-0.082^{**}
	（0.022）	（0.042）	（0.023）	（0.039）
Lnpergdp			-0.340^{**}	0.043
			（0.161）	（0.210）
Lnpop			-0.805^{**}	1.228^{***}
			（0.341）	（0.384）
Lnemploy			-0.064	0.241^{***}
			（0.050）	（0.061）
Urban			0.679^{*}	-0.663
			（0.392）	（0.500）
Invest			-0.080	-0.206^{*}
			（0.050）	（0.105）
Consumption			-1.760^{***}	0.864
			（0.496）	（0.539）
Gov			-0.202	0.896^{*}
			（0.211）	（0.459）
Ratio_gdp2			-0.428	-0.038
			（0.360）	（0.495）
Ratio_gdp3			0.502	-0.442
			（0.333）	（0.567）
常数项	0.458^{***}	1.092^{***}	10.550^{**}	-10.045^{**}
	（0.164）	（0.319）	（4.183）	（4.828）
个体固定效应	是	是	是	是

表5-2(续)

变量	（1） 收入预决算 偏离度	（2） 支出预决算 偏离度	（3） 收入预决算 偏离度	（4） 支出预决算 偏离度
时间固定效应	是	是	是	是
观测值数量	300	300	300	300
R^2	0.457	0.724	0.504	0.775

注：①括号中为在省级层面的聚类稳健标准误；②*** 、** 和 * 分别代表在 1%、5% 和 10% 的水平上显著。下表同。

5.3.4 稳健性检验

5.3.4.1 内生性问题

基准回归结果初步表明，国家审计对地方财政收支预决算偏离度具有显著的降低作用。但是，一则地方政府收支预决算偏离度越高的地区，可能会引致更强的审计监督；二则由于数据约束可能存在遗漏的控制变量，同时影响审计和地方财政预决算偏离度。换言之，可能存在的反向因果关系和遗漏变量会导致内生性问题。基于此，本节采用工具变量法来更准确地评估国家审计对地方政府收支预决算偏离度的影响。

借鉴 Lv 等（2020）和陈志刚（2020）的做法，考虑到不同省份的审计监督之间可能存在空间策略互动，本节以除本省份之外的所有省份相应的审计建议数的加权平均数为工具变量，权重为省际地理距离的倒数。一方面，其他省份的审计活动会影响本省份审计活动，即工具变量满足相关性要求；另一方面，逻辑上，其他省份的国家审计不会直接影响本省份地方财政收支预决算偏离，即工具变量较好满足外生性条件。与此同时，由于制度往往具有一定的延续性，当年的审计建议也会与以往年度的审计建议相关，本节同时考虑使用国家审计建议数的滞后一期作为工具变量。表5-3 中第（1）列和第（2）列显示了采用工具变量的回归结果，结果表明国家审计对收入预决算偏离度、支出预决算偏离度依然具有显著的降低作用。此外，F 检验表明不存在弱工具变量问题，Hansen 检验表明不存在过度识别问题。

表 5-3 稳健性检验：内生性问题

变量	内生性问题	
	（1） 收入预决算偏离度	（2） 支出预决算偏离度
Lnaudit	−0.127** (0.060)	−0.139** (0.069)
常数项	9.797** (4.522)	−9.021 (5.782)
控制变量	是	是
个体固定效应	是	是
时间固定效应	是	是
弱工具变量 F 检验	27.262	27.262
Hansen 检验 P 值	0.619	0.744
观测值数量	270	270
R^2	0.485	0.769

考虑预算渐进性的影响。由于上期的预决算偏离可能会影响到本期的预决算偏离，本节进一步考虑预算渐进性的影响，构建了包含预决算偏离滞后项的动态模型（如式 5-2 所示），并采用系统 GMM 估计方法进行回归分析。回归结果如表 5-4 所示，上一期的预决算偏离确实会对当期的预决算偏离产生正向影响，但国家审计的回归系数仍然显著为负，进一步验证了本书基准回归结果的稳健性。

$$\text{Deviation}_{it} = \beta_0 + \text{Deviation}_{i,\,t-1} + \beta_1 \text{Audit}_{it} + \sum \beta_j \text{Controls}_{it} + \gamma_t + \mu_i + \varepsilon_{it} \tag{5-2}$$

表 5-4 稳健性检验：预算渐进性

变量	系统 GMM 估计	
	（1） 收入预决算偏离度	（2） 支出预决算偏离度
L. sryspl_nc_jdz	0.245* (0.128)	
L. zcyspl_nc_jdz		0.639*** (0.036)

表5-4(续)

变量	系统 GMM 估计	
	（1） 收入预决算偏离度	（2） 支出预决算偏离度
Lnaudit	−0.114* (0.065)	−0.061** (0.022)
AR（1）检验 P 值	0.006	0.027
AR（2）检验 P 值	0.854	0.256
Hansen 检验 P 值	0.616	0.246
Difference-in-Hansen 检验 P 值	0.763	0.633
常数项	3.432* (1.942)	2.059*** (0.560)
控制变量	是	是
个体固定效应	是	是
时间固定效应	是	是
观测值数量	270	270

注：第（1）列和第（2）列采用系统 GMM 估计。AR（1）和 AR（2）检验的原假设是一阶差分方程的残差项序列存在一阶自相关和二阶自相关。Hansen 检验的原假设是方程不存在过度识别的问题，Difference-in-Hansen 检验的原假设是工具变量是外生的。

5.3.4.2 预决算偏离的不同测度

在本章的基准回归模型中，是以计算的各省份收入预决算偏离度、支出预决算偏离度为被解释变量，该指标考虑了各省份收入预算、支出预算的规模，属于比值式变量。这里以地方财政收支预决算偏离绝对值的自然对数为被解释变量进行分析，回归结果如表5-5第（1）列和第（2）列所示，国家审计变量的回归系数依然显著为负，与基准回归结论相符。此外，考虑到年度预算执行过程中进行调整预算的合理性，本章也基于调整预算数来重新测度地方政府收支预决算偏离度的绝对值（取自然对数），以剔除经法定程序批准的预算变动的影响，检验基准回归结论的稳健性。回归结果如表5-5第（3）列和第（4）列所示，国家审计变量的回归系数显著为负，也与基准回归结论相符。

表 5-5　稳健性检验：替换被解释变量

变量	基于年初预算数的偏离值		基于调整预算数的偏离值	
	（1）	（2）	（3）	（4）
	收入预决算偏离值	支出预决算偏离值	收入预决算偏离值	支出预决算偏离值
Lnaudit	−0.979***	−0.299*	−0.708**	−0.223**
	(0.376)	(0.177)	(0.341)	(0.112)
常数项	89.438	−61.708*	57.547	44.808***
	(55.265)	(36.021)	(53.136)	(13.215)
控制变量	是	是	是	是
个体固定效应	是	是	是	是
时间固定效应	是	是	是	是
观测值数量	300	300	300	300
R^2	0.541	0.699	0.471	0.925

5.3.4.3　剔除金融危机的影响

2008 年爆发了国际经济危机，世界各国经济增速不断下滑，国际市场需求急剧下降。为了稳定经济，我国政府实施适度宽松的货币政策和积极的财政政策。本章的样本时间正好涵盖了 2008 年金融危机的影响时间，为剔除经济冲击对地方财政收支预决算偏离造成的影响，我们去掉了 2008—2009 年的样本数据，重新进行估计。回归结果如表 5-6 第（1）列和第（2）列所示，国家审计对地方政府收入预决算偏离度、支出预决算偏离度仍然具有显著的降低作用，表明本章的结论具有稳健性。

5.3.4.4　考虑直辖市的影响

北京、天津、上海、重庆属于直辖市，与其他省份的行政特征不同。为排除特定地区对基准回归结论的影响，本节将上述 4 个直辖市地区从样本中剔除，并重新进行回归。结果如表 5-6 中第（3）列和第（4）列所示，国家审计对地方政府收入预决算偏离度、支出预决算偏离度的回归系数显著为负，本章的结论依然成立。

表 5-6　稳健性检验：考虑金融危机和直辖市影响

变量	剔除金融危机影响		剔除直辖市样本	
	（1）	（2）	（3）	（4）
	收入预决算偏离度	支出预决算偏离度	收入预决算偏离度	支出预决算偏离度
Lnaudit	−0.054*	−0.075*	−0.041①	−0.088*
	(0.032)	(0.044)	(0.028)	(0.048)
常数项	9.228	−11.404*	1.379	−20.896**
	(5.886)	(5.994)	(7.123)	(9.663)
控制变量	是	是	是	是
个体固定效应	是	是	是	是
时间固定效应	是	是	是	是
观测值数量	240	240	260	260
R^2	0.520	0.777	0.488	0.764

5.3.4.5　考虑财政体制因素：财政分权和辖区数量

与经济因素造成的地方政府收支预决算偏离相比，财政因素对地方政府的预决算偏离行为的影响可能更为直接（吕冰洋和李岩，2020）。遗漏财政体制因素的影响可能会导致基准回归结果不稳健，财政分权是财政体制的核心，反映中央和地方对财权和事权的配置状况，影响地方对财政预决算的安排和控制。借鉴高琳（2012）的做法，以地方一般公共预算收入决算数与一般公共预算支出决算数之比来衡量财政分权，控制财政分权变量的回归结果如表 5-7 中第（1）列和第（2）列所示，结论与本章的基本结果一致。

此外，本章的研究对象是各省份地方政府总预算②。逻辑上，汇总的下级地方政府个数越多，对地方政府总预算偏离的影响可能越大。为此，本章进一步加入下辖区县个数（取自然对数）作为控制变量，以考察结论的稳健性。回归结果如表 5-7 中第（3）列和第（4）列所示，在控制下辖区县个数后，本章结果依然稳健。

---

① P 值为 0.152，接近 15% 的显著性水平。
② 新《预算法》第三条规定，"地方各级总预算由本级预算和汇总的下一级总预算组成"。

表 5-7　稳健性检验：考虑财政分权和辖区数量

变量	考虑财政分权		考虑辖区数量	
	（1） 收入预决算 偏离度	（2） 支出预决算 偏离度	（3） 收入预决算 偏离度	（4） 支出预决算 偏离度
Lnaudit	−0.053** （0.024）	−0.094** （0.039）	−0.040* （0.022）	−0.088** （0.039）
财政分权	−0.691** （0.296）	−0.715*** （0.253）		
区县个数			−0.125 （0.206）	0.399* （0.203）
常数项	9.794** （4.186）	−10.826** （4.595）	11.241** （4.470）	−12.257** （5.206）
控制变量	是	是	是	是
个体固定效应	是	是	是	是
时间固定效应	是	是	是	是
观测值数量	300	300	300	300
R^2	0.548	0.787	0.505	0.778

5.3.5　进一步分析

5.3.5.1　国家审计的治理机制：制度完善、行为纠偏和震慑效应

前文的理论分析表明，制度完善、行为纠偏、震慑效应是国家审计实现对地方政府预算治理效应的重要途径。为验证这一结论，我们分别以单位审计项目所提审计建议的采纳数、已落实审计整改金额和审计机关移送处理事项数（均取自然对数），作为审计建议采纳、审计整改和审计问责的近似刻画，并以其为被解释变量进行回归。表 5-8 的回归结果显示，国家审计显著地增加了审计建议采纳、促进了审计整改落实，并增加了审计移送问责。这意味着国家审计发挥了制度完善、行为纠偏和震慑效应。

表 5-8　国家审计对制度完善、行为纠偏、震慑效应的影响

变量	（1）审计建议采纳	（2）审计整改	（3）审计问责
Lnaudit	0.299*** (0.064)	0.852*** (0.289)	0.676** (0.249)
常数项	−7.572 (11.523)	−12.380 (31.117)	−1.830 (45.007)
控制变量	是	是	是
个体固定效应	是	是	是
时间固定效应	是	是	是
观测值数量	300	300	300
R^2	0.666	0.618	0.707

　　本章的理论框架阐释了审计建议采纳、审计整改和审计问责对地方财政收支预决算行为的影响进而降低预决算偏离度的作用机理，并据此推断国家审计对地方政府收支预决算偏离的治理效应在很大程度上取决于这三种审计治理方式的综合影响。若上述推断成立，本章预期在基准模型式（5-1）中引入上述审计治理方式，将导致国家审计变量本身的估计影响减少甚至消失。表 5-9 同时报告了基准模型和纳入审计建议采纳、审计整改、审计问责治理方式后的扩展模型回归结果。

表 5-9　制度完善、行为纠偏、震慑效应对地方政府收支预决算偏离的影响

变量	（1）收入预决算偏离度	（2）收入预决算偏离度	（3）支出预决算偏离度	（4）支出预决算偏离度
Lnaudit	−0.042* (0.023)	−0.018 (0.032)	−0.082** (0.039)	−0.058 (0.042)
审计建议采纳		−0.105* (0.059)		0.020 (0.061)
审计整改		0.001 (0.010)		−0.024** (0.012)
审计问责		−0.014① (0.009)		−0.029** (0.012)

----

①　P 值为 0.134，临近10%的显著性水平。

表 5-9（续）

变量	（1） 收入预决算 偏离度	（2） 收入预决算 偏离度	（3） 支出预决算 偏离度	（4） 支出预决算 偏离度
常数项	10.550 ** （4.183）	1.681 （1.170）	−10.045 ** （4.828）	−7.538 * （4.511）
控制变量	是	是	是	是
个体固定效应	是	是	是	是
时间固定效应	是	是	是	是
观测值数量	300	300	300	300
R^2	0.504	0.540	0.775	0.806

可以看出，表5-9的第（1）列和第（3）列为基准回归结果，国家审计对地方政府收支预决算偏离度的回归系数显著为负。表5-9中第（2）列则显示：当回归方程中引入审计建议采纳、审计整改和审计问责变量后，国家审计建议的回归系数为负，但在统计意义上不显著；审计建议采纳数和审计问责两变量的回归系数显著为负；审计整改变量不显著。这表明国家审计建议对地方收入预决算偏离的治理效应，在很大程度上是通过促进审计建议采纳和审计问责来实现的。表5-9中第（4）列显示审计建议采纳变量在统计上不显著，审计整改和审计问责变量显著为负，这意味着国家审计主要通过提升审计整改和审计问责对地方财政支出预决算偏离发挥治理效应。

需要说明的是，审计整改主要体现为已上缴财政金额、已减少财政拨款或补贴、已归还原渠道资金、已调账处理金额、已缴纳其他资金等方式。因此，审计整改在一定程度上会增加财政预算收入，增大地方财政收入预决算偏离度，这与国家审计的"增收"作用相印证。对一般公共预算支出行为而言，审计整改有助于减少预算编制中不合理的预算安排和及时纠正预算执行中非合理化的支出行为，国家审计的"节支"作用明显，而支出预决算偏离更多表现为"超支"。由此，国家审计会通过审计整改降低支出预决算偏离度。

5.3.5.2 构建审计与人大监督合力

党的十八大之后，各省级人大纷纷开始探索审计查出问题整改情况向本级人大常委会报告机制。2015年8月18日，中央全面深化改革领导小组第十五次会议审议通过了《关于改进审计查出突出问题整改情况向全国人大常委会报告机制的意见》（以下简称《意见》），并由中共中央办公厅转发实施。审计查出问题整改情况向本级人大常委会报告机制开始在全国各省份推进，并实现了制度化、长效化。审计整改报告机制的建立，为人大提供了较为完整的审计监督信息，不仅提升了人大监督的针对性和实效性，促进了审计整改落实；更有助于审计机关借助人大监督力量，推动地方政府重视完善体制机制的审计建议，强化审计成果的运用。

本章基于各省份建立审计查出问题整改情况报告机制的时间，进一步检验该机制是否有助于增强审计的预算治理效果，进而减少地方财政收支预决算偏离。笔者整理了各省份建立审计整改报告机制的预算年度。山西省 2012 年起就建立了省人民政府依法向省人大常委会报告财政执行审计发现问题的整改情况的机制。2015 年 8 月中央审议通过《意见》后，广东、云南、辽宁、福建、河南、湖北、湖南等省相继建立审计整改报告机制，北京、天津、河北、江苏、黑龙江等省市于 2016 年，宁夏、新疆、安徽等省份则于 2017 年才建立该机制。基于此，本章构建审计整改报告机制政策虚拟变量 $reform_{it}$，将各地建立审计整改报告机制之后的年份取值为 1，其他年份取值为 0；并在基准回归的模型设定中，引入样本省份机制建立前后的政策虚拟变量 $reform_{it}$ 来刻画建立该机制的政策效果。表 5-10 第（1）列和第（2）列为基准回归结果，第（3）列和第（4）列为增加审计整改报告机制政策变量后的回归结果。结果显示控制审计整改报告机制的影响后，国家审计建议的回归系数依然显著但均有所降低，整改报告机制项的回归系数为负。这表明审计整改报告机制变量吸收了基准回归中国家审计对地方政府收支预决算偏离的部分治理作用，说明审计查出问题整改情况向人大报告的机制对地方财政收支预决算偏离度有着明显的降低作用。借助人大监督力量，与审计监督形成合力的制度设计，可以有效强化审计监督的预算治理效应。

表 5-10　审计整改报告机制对地方政府收支预决算偏离度的影响

变量	（1）收入预决算偏离度	（2）支出预决算偏离度	（3）收入预决算偏离度	（4）支出预决算偏离度
Lnaudit	−0.042* （0.023）	−0.082** （0.039）	−0.039* （0.023）	−0.078** （0.039）

表5-10(续)

变量	（1） 收入预决算 偏离度	（2） 支出预决算 偏离度	（3） 收入预决算 偏离度	（4） 支出预决算 偏离度
reform			$-0.033$① (0.026)	-0.040^{*} (0.024)
常数项	10.550^{**} (4.183)	-10.045^{**} (4.828)	10.844^{***} (4.137)	-9.679^{**} (4.841)
控制变量	是	是	是	是
个体固定效应	是	是	是	是
时间固定效应	是	是	是	是
观测值数量	300	300	300	300
R^2	0.504	0.775	0.508	0.777

5.3.6 拓展性分析

5.3.6.1 国家审计与预决算偏离：新增债务和转移支付的影响

一个值得注意的问题是：年度预算执行中的新增债务、追加追减转移支付（韩曙，2017）等预算编制和执行中的非可控因素同样会造成预决算偏离。由此衍生出的问题是：新增债务和转移支付是否会影响审计对预决算偏离的治理效应。为此，本节在基准回归模型式（5-1）的基础上，分别纳入取自然对数的地方政府年度一般债务新增额（Lndebt）、中央补助收入（Lntransfer）② 及其与国家审计建议数的交乘项，其中主要关注变量均已进行数据标准化处理。表 5-11 的结果显示，两交乘项回归结果均显著为正，这意味着新增债务和转移支付收入的增加都会弱化国家审计对地方政府的收支预决算偏离度的治理作用。换言之，国家审计对地方财政收支预决算偏离的降低作用，会因新增债务、上级政府给予的转移支付收入造成的客观偏离而减弱。这在一定程度上从侧面反映出，国家审计主要是对地方政府自身可控的全年度预算过程中的预决算偏离具有治理作用，而对宏观财政管理体制这一客观因素引起的预决算偏离治理效应不显著。

---

① P 值为 0.241，在统计意义上表现为弱显著性。
② 中央补助收入含中央税收返还、一般转移支付收入、专项转移支付收入等。

表 5-11　新增债务、转移支付收入对国家审计与地方政府收支预决算偏离度的影响

变量	（1） 收入预决算 偏离度	（2） 支出预决算 偏离度	（3） 收入预决算 偏离度	（4） 支出预决算 偏离度
Lnaudit	−0.039 ** （0.020）	−0.076 ** （0.033）	−0.035 * （0.020）	−0.088 *** （0.033）
Lndebt	0.027 （0.027）	0.072 * （0.042）		
Lnaudit×Lndebt	0.010 * （0.005）	0.015 * （0.009）		
Lntransfer			−0.048 * （0.025）	0.259 *** （0.082）
Lnaudit×Lntransfer			0.015 * （0.008）	0.021 * （0.012）
常数项	9.601 ** （4.167）	−11.668 ** （5.087）	8.396 ** （4.184）	−5.102 （4.884）
控制变量	是	是	是	是
个体固定效应	是	是	是	是
时间固定效应	是	是	是	是
观测值数量	300	300	300	300
R^2	0.511	0.782	0.514	0.781

5.3.6.2　预决算偏离："超收"与"短收"

在前文的分析中，被解释变量是地方政府预决算偏离度的绝对值，用以考察地方政府年初预算数与实际执行的决算数之间的差异程度，并不区分正向预决算偏离和负向预决算偏离。为进一步探究国家审计对地方政府正向、负向预决算偏离的影响，将基于年初预算数计算的收入预决算偏离度大于 0 的正向偏离作为"超收"样本，收入预决算偏离度小于 0 的负向偏离作为"短收"样本，进而分析地方财政收入预算中的"超收""短收"行为。由于地方财政支出预算中，仅有极个别样本出现负向偏离的情况，故未进一步区分支出预算中的"超支""短支"行为。本书对两个子样本分别基于式（5-1）进行估计，表 5-12 报告的结果表明，国家审计变量在"超收"样本组的回归系数显著为负，在"短收"样本组的回归系数显著为正。这意味着一方面国家审计对地方政府"超收"行为具有显著的抑制作用；另一方面国家审计对地方政府收入预决算的负向偏离度也具有显著的降低作用，有助于

减少地方政府的"短收"行为。

表 5-12　国家审计对地方政府收支预决算偏离度的影响："超收""短收"

变量	"超收"样本 （1） 收入预决算偏离度	"短收"样本 （2） 收入预决算偏离度
Lnaudit	−0.073 *** （0.021）	0.141 * （0.077）
常数项	10.690 *** （3.968）	−12.929 *** （1.312）
控制变量	是	是
个体固定效应	是	是
时间固定效应	是	是
观测值数量	232	68
R^2	0.608	0.722

5.4　本章小结

本章基于省级政府层面的研究，提供了国家审计有助于治理地方政府收支预决算偏离行为的经验证据，并探讨了国家审计建议是如何影响地方政府财政预算收支行为的，重点检验了制度完善效应、行为纠偏效应和震慑效应，以及与人大构建监督合力的制度设计效果，以期为建立约束有力的现代预算制度提供审计监督层面的经验依据。具体说来，本章运用2008—2017 年的省际面板数据，实证评估了国家审计对地方政府财政收支行为偏离的治理效应。

理论上，审计建议采纳的制度完善效应、审计整改的行为纠偏效应、审计问责的震慑效应对地方政府预决算偏离产生矫正作用。实证结果显示：国家审计显著地降低了地方政府收支预决算偏离度；审计建议采纳、审计问责显著降低了地方政府收入预决算偏离度，审计整改和审计问责显著降低了地方政府支出预决算偏离度；借助人大监督力量，审计监督对地方政府收支预决算偏离的治理效应增强。此外，本章通过拓展性分析发现，新增债务和转移支付收入造成的客观偏离，会弱化审计监督对地方政府预决算偏离的治理作用。本书的研究结论表明国家审计是治理地方预决算偏离、推进现代预算制度完善的重要力量，进一步支持了审计在国家治理体系中重要地位的理论论断和中国实践；同时为充分发挥审计在党和国家监督体系中的重要作用，强化国家审计"免疫系统"功能提供了经验证据，对当前更好地发挥国家审计在地方政府预算治理中的作用具有启示价值。

6 社会监督与地方政府预决算偏离

公开透明是现代预算制度的重要特征，也是社会公众有效监督预算的前提，探究社会监督对地方政府财政收支行为的影响也具有重要的理论价值和现实意义。本章以全省和省级预算层面的一般公共预算收支为研究样本，实证考察了社会监督对地方政府预决算偏离的影响。研究发现：社会监督显著地降低了地方政府收入预决算偏离度和支出预决算偏离度。进一步分析后发现，社会监督对收入预算和支出预算的执行偏离度均具有显著的降低作用，对预算编制偏离的矫正效应主要存在于支出预算上；对省级政府可控预决算偏离行为的矫正效应也主要体现在支出预算上。此外，社会监督在矫正地方政府预决算偏离的同时，还促进了地方政府财政支出结构的合理化。本章的研究结论为发挥社会监督在国家监督体系中的重要作用，深化政府预算信息公开改革提供了经验证据，对当前更好地发挥社会公众在地方政府预算治理中的作用具有现实价值。

6.1 问题的提出

财政是国家治理的基础和重要支柱。"治理即预算"（Wildavsky, 2001），预算是财政活动的集中反映（肖鹏，2019），是控制政府权力扩张的有效载体。党的十九大报告明确提出，要建立约束有力的现代预算制度，全面实施绩效管理。然而现行的预算管理中仍存在编制时高估冒算、预算调整随意等诸多问题，最终将表现在预算与决算的差异上，即预决算偏离。目前美国等发达国家的预决算收支偏离控制在 3% 以内，许多学者认为国际上较合理的预决算偏离范围在 5% 以内（肖鹏和樊蓉，2021；韩曙，2016；赵海利和吴明明，2014），我国地方政府预决算偏离程度大部分高于该水平（王秀芝，2009；陈志刚和吕冰洋，2019），这不可避免地损害了政府预算的权威，不利于国家治理体系和治理能力现代化。

近年来，随着社会监督观念逐渐深入人心，以公众为主体的新型问责机制逐步发挥作用，成为政府预算治理中的重要监督机制（张琦和吕敏康，2015）。新时代政府公开预算信息成为建立现代财政制度的内在要求，也是社会公众进行有效监督的必要基础。这有助于保障人民群众的知情权、参与权、监督权，对促进政府负责履职和社会公众监督具有重要意义。

党的十八大以来，中央非常重视预算监督机制建设，不仅加强了立法机构、审计机关的监督作用，还强调构建全方位的社会监督体系。由此，我国围绕政府预算信息公开进行了一系列改革，如修订《中华人民共和国预算法》《政府信息公开条例》，印发《关于进一步推进预算公开工作的意见》等一系列指南性文件，明确政府预算遵循公开原则，目的在于通过促使地方政府主动接受社会监督，提升政府绩效和履职能力。我国已逐步形成涵盖财政预算、部门预算和转移支付预算等的多层次、全方位、全过程的预算公开体系，为社会公众进行全方位的财政监督提供了必要基础。

既有文献表明，社会公众与政府官员在公共财政资金使用上是一种委托代理关系（张琦和郑瑶，2018），政府官员在公共物品生产和消费中具有"双边信息垄断能力"（Gonzalez and Mehay，1985）。财政预算信息公开作为公众评价政府绩效、监督政府行为的重要信息来源（Brusca 等，2018），可以帮助社会公众有效地了解地方政府财政收支行为，缓解公众与政府之间的信息不对称问题，减少地方政府过度使用预算自由裁量权的可能，从而提升政府预算治理能力（叶满城和刘爽，2020；王汇华，2020）。然而，也有研究文献发现，预算问责需要相关的专业知识，这意味着普通公众分析预决算信息并进行问责具有较大难度。并且，社会公众个体问责政府，所产生的收益并不能清晰地归集于个人，公众易表现出"理性无知"的状态（Downs，1957；张琦 等，2016），社会公众对政府预算行为的治理效应可能并不如预期。那么，社会监督是否降低了地方政府预决算偏离度呢？

为回答这一问题，本章运用省际面板数据，实证评估了社会监督对地方政府预决算偏离行为的影响。相较于已有研究，本章从预算公开的视角，实证检验了社会监督对地方政府收入、支出预决算偏离行为的治理效应；探究了社会监督对预算编制和预算执行环节的不同作用，以及对省级政府可控偏离行为的影响；发现社会监督在矫正地方政府预决算偏离行为的同时，还有助于促进地方政府财政支出结构合理化。这些发现为埋解社会监督的预算治理效应，构建公开透明的现代预算制度提供了经验支持，对运用社会监督力量完善约束有力的现代预算制度提供了经验支持。

6.2 制度背景与理论分析

6.2.1 制度背景

作为国家实现善治必不可少的一环，社会监督是提升政府治理水平的重要方式，主要有公众监督、社会团体监督、舆论监督等，表现为社会公民或团体通过批评、建议、检举、选举，或运用传播媒介表达议论、意见、看法等基本方式，对国家机关及其工作人员权力行使行为的合法性与合理性进行监督，纠正和制约权力运行中的偏差行为，是人民主权原则的直接表现。这种监督虽不具有直接的法律效力，但却可以引发国家监督机制的运行，甚至引致强制性的法律后果。社会监督机制的有效运行，与国家的治理机制、民主化实现形式、社会公众的法律意识等相关，提升知情权是发挥社会监督力量的关键之一。

政府预算信息公开透明，是建立全面规范透明、标准科学、约束有力现代预算制度的重要推动力。我国围绕政府预算信息公开出台了一系列法律法规、条例文件等，尤其是 2008 年《政府信息公开条例》实施后，政府积极推动确保人民群众知情权、参与权和监督权的预算公开改革，极大地提升了社会公众监督政府预算的积极性和能力。如 2014 年 3 月财政部发布《关于深入推进地方预决算公开工作的通知》，强调保障公民对政府预算信息的知情权、参与权、表达权和监督权。为促进预算公开的常态化和制度化，新《预算法》强化了预算公开透明原则，对预算公开做出了明确规定，奠定了政府预算公开的法律基础。2016 年 2 月中共中央办公厅、国务院办公厅印发《关于全面推进政务公开工作的意见》，全面部署和落实政务信息公开工作。2016 年 10 月，财政部印发《地方预决算公开操作规程》，对地方预决算公开的原则、职责、时间、内容和方式等，进行了细致的规范。2019 年 5 月 15 日，新修订的《政府信息公开条例》施行，明确了政府信息"公开为常态、不公开为例外"的公开原则。2020 年 8 月发布的《中华人民共和国预算法实施条例》，更加细化了财政预算、部门预算公开的内容和要求。我国现已逐步形成涵盖财政预算、部门预算和转移支付预算等的多层次、全方位、全过程的预算公开体系，为社会公众进行全方位的预算监督提供了必要基础。

近年来，随着社会监督观念深入人心，以公众为主体的社会监督逐步发挥作用，成为政府预算治理中的重要监督机制。监督政府全面公开预算信息，也成为社会公众发挥监督作用的重要着力点。虽然全国34个省级行政区于2012年均已公开省级财政总预算，但由于各地方政府对预算安排和执行内容的公开程度不同，社会公众对政府的财政信息的了解和掌握有限，各地政府接受社会公众财政监督的程度存在着较大差异。基于此，上海财经大学自2008年起对省级财政信息公开状况进行年度调查评估，如课题组通过网上检索、官网查询信息公开内容、申请公开未依法公开内容等方式，评估地方政府预算信息公开程度和接受社会公众监督的回应态度；同时，还向社会各界公布年度省级财政预算公开信息的评分情况和得分排名。这不仅有助于评估地方政府接受社会公众财政监督的程度，还对地方政府了解自身财政预算公开程度及与其他省份的差距具有积极作用，进而督促地方政府自觉主动地提升预算信息公开力度。

6.2.2　理论分析

政府存在的目的，在于提供安全秩序、基础设施、教育、医疗卫生等公共产品和服务，以增进社会公众利益。政府是受社会公众或人民之托履行公共产品和服务提供职能的代理机构。包括政府在内的任何机构都是由人组成的，其存续和作用发挥，离不开机构中的人。政府利用财政资源，提供公共产品及服务、履行职能，依赖于组成政府的官员。政府官员作为公共权力的代理人，当行使公共权力时，同时具有公共利益最大化和个人效用最大化的双重价值取向，两者的利益既有一致，也存在冲突。不同的预算安排所带来的公共利益的增进不同，对官员个人效用产生影响的程度并不一致，相对于较为"刚性"的预算而言，官员有追求自由裁量预算最大化的强烈动机（Dunlevy，2014）。在预算执行中，官员或预算执行单位借助自身的信息优势，有动机和可能突破预算安排，从而造成预算偏离。

降低政府与利益相关者之间的信息不对称，可以弱化官员在预算执行过程中的信息垄断优势，提升社会公众的预算监督能力，降低官员的自由裁量预算动机与行为（张琦 等，2016）。正因如此，各国都制定了政府信息公开、财政预算透明的相关制度，以消弭作为受托人的政府与作为委托人的权力机关、社会公众之间的信息不对称，促使作为受托人的政府及其官员，按照委托人的意志，依法履行受托责任、使用预算资金。在我国，以《预算法》为代表的法律法规，确定了预算公开的原则和要求，保证了社会公众对预算编制、执行、调整和决算的监督权。

理论上，政府决策、执行、结果等信息予以公开，使其行为和决策完全处于公众的监督之下，是为了接受公众监督，促使地方政府的公共权力在经公众同意的规则下运行。第一，对于社会公众而言，财政预算信息由保密转变为公开，将政府官员手中视为特权的信息公之于众，可以确保社会公众的预算知情权和监督权。这有助于缓解公共物品成本在政府与公众利益相关者之间的信息不对称，弱化政府官员在公共物品生产和消费中的双边信息垄断能力，减少暗箱操作空间和抑制腐败（李影和牛毅，2014；黄寿峰和郑国梁，2015），约束地方政府官员绕过预算自收自支等不合理行为，降低过度使用自由量裁权的可能。第二，对于政府官员而言，预算信息处于公众全面监督之下，减少了超实际需求争取预算资金的冲动；同时，地方政府对公开的预算信息内容负有责任，社会公众对公开内容进行评价、质疑、热议等而产生的社会舆论，可能会影响地方政府和官员的政治声誉（张琦和吕敏康，2015），更有可能引来横向或上级监督机制的问责，这对政府官员可能存在的违规行为具有威慑作用。因此，政府官员会对即将公开的预算信息自查自纠，这有助于促进政府官员相对规范地使用、分配公共资金和自觉注重资金使用绩效。第三，对于提升政府治理能力而言，预算公开透明为普通公众主动参与预算监督提供了平台，体现了代议制民主和直接民主的结合（陈龙，2011），是提高政府公信力、促进公众治理预算的重要手段。社会公众依据政府公开的预算信息，了解公共资金的决策过程与结果，判断地方政府是否按照人民的利益行事，进而约束、矫正政府行为。这有利于克服代议制民主中存在的代表发声不到位、监督不到位等弊端，强化政府部门的支出责任意识，促使预算编制和执行更符合民意和客观实际的需求。

6.3 社会监督对地方政府预决算偏离影响的实证分析：来自省级层面的证据

6.3.1 模型设定、变量选择与数据说明

6.3.1.1 模型设定

为检验社会监督对地方政府预决算偏离的治理效应，本章构建了如式（6-1）所示的双向固定效应模型：

$$\text{Deviation}_{it} = \beta_0 + \beta_1 \text{Lntran}_{it} + \sum \beta_j \text{Controls}_{it} + \gamma_t + \mu_i + \varepsilon_{it} \quad (6-1)$$

其中，被解释变量 Deviation_{it} 为 i 省（直辖市或自治区）第 t 年财政收入预决算偏离度和财政支出预决算偏离度的绝对值；γ_t 表示时间固定效应，μ_i 表示地区固定效应。Lntran_{it} 是本章主要关注的核心解释变量社会监督，本书选择样本省份财政透明度得分来衡量地方政府主动接受社会公众监督的程度。β_1 表示社会监督对地方政府收支预决算偏离的治理效应大小。Controls_{it} 为一系列控制变量，ε_{it} 为随机误差项。

6.3.1.2 变量选择

（1）地方政府预决算偏离度。与前面章节测度方法一致，被解释变量为地方财政预决算偏离度，用以衡量地方政府年初预算数与实际决算数之间的差异程度。

（2）社会监督。预算的社会监督是社会公众对预算编制、执行、调整和决算等全方位、全过程的具体监督行为。公众对所在地区的预算收支提出的意见和建议的数量和质量，是比较有效的度量指标。但是，这样的数据难以获取。本书以地区财政透明度作为社会监督的代理变量（Lntran），其合理性在于：一方面，公开透明可以缓解社会公众与地方政府之间的预算信息不对称，弱化地方政府绕开预算自收自支的权力（储德银和左芯，2019）。地方政府的财政透明度越高，社会公众越能根据自身偏好，监督地方政府预算资金使用的合法性、科学性和有效性，抑制政府官员的机会主义行为。另一方面，监督政府全面公开预算信息，成为社会公众发挥监督作用的重要着力点。财政透明度也是社会公众监督政府公开财政预算信息、履行监督权的效果体现，从保证监督权的层面而言，可以促使政府提

升预算绩效、政府和官员自觉认真履职（张琦和吕敏康，2015；廖玉群，2018）。上海财经大学发布的《中国财政透明度报告》，评估了各省份地方政府的财政透明度得分。该财政透明度指数，不仅有助于评估地方政府接受社会公众财政监督的程度，还给出了各省份财政透明度得分及其排名，对地方政府了解自身财政预算公开程度及与其他省份的差距具有积极作用，进而督促地方政府自觉主动地提升预算信息公开力度，起到了社会监督的作用；评估的财政透明度得分，在社会上也产生了广泛的影响，客观上更加激发了公众对财政预算的关注，引导社会公众了解并积极参与预算治理。此外，本书在稳健性检验中，也从舆论监督的视角考察了社会监督的预算治理效果，以进一步验证研究结论的有效性。

（3）主要控制变量。本章的控制变量包括人均地区生产总值、地区年末常住人口数、地区年末就业人口数、财政自给率、财政支出规模、第二产业占比、第三产业占比，为减缓可能产生的异方差并方便解读，部分变量取自然对数。

6.3.1.3 数据说明

基于数据可得性和可比性，本章以我国30个省份地方财政一般公共预算为研究对象，样本地区的决算数、调整预算数以及控制变量数据来源于2009—2017年的《中国财政年鉴》、各省份历年统计年鉴。各省份的年初预算数来源于本级人民政府官网、财政部门、本级人大官网等公开的财政预算报告，各省份社会监督衡量指标来自上海财经大学发布的《中国财政透明度报告》。之所以样本截止期为2016年，是因为本章使用的《中国财政透明度报告》中的财政透明度指标数据只统计到2016年。主要变量描述性统计如表6-1所示。

表 6-1 主要变量的描述性统计

变量名称	变量符号	观测值	平均值	标准差	最小值	中位数	最大值
收入预决算偏离度	Deviation_1	270	0.083	0.084	0.000	0.059	0.407
支出预决算偏离度	Deviation_2	270	0.262	0.198	0.003	0.230	1.169
社会监督	Lntran	270	3.474	0.457	2.332	3.495	4.353
人均地区生产总值	Lnpergdp	270	10.534	0.507	9.196	10.527	11.680
地区年末常住人口数	Lnpop	270	8.184	0.741	6.318	8.248	9.306
地区年末就业人口数	Lnemploy	270	6.004	0.766	3.850	6.093	7.587
财政自给率	Gov1	270	0.515	0.196	0.148	0.454	0.938

表6-1(续)

变量名称	变量符号	观测值	平均值	标准差	最小值	中位数	最大值
财政支出规模	Gov2	270	0.231	0.098	0.087	0.210	0.627
第二产业占比	Ratio_gdp2	270	0.467	0.081	0.193	0.484	0.590
第三产业占比	Ratio_gdp3	270	0.425	0.092	0.286	0.405	0.802

6.3.2 社会监督对地方政府预决算偏离的回归结果

为尽量减弱无法观测的地区异质性和一些不可观测因素对回归结果的影响，本章控制了省际固定效应和时间固定效应，并使用省份层面的聚类稳健标准误。采用逐步回归方法对模型进行估计（邓淑莲和朱颖，2017；鲁元平 等，2018），表6-2列示了逐步加入控制变量的估计结果。第（1）列和第（2）列仅控制了人均地区生产总值、人口规模、财政自给率，回归结果显示，反映社会监督的财政透明度变量Lntran的估计系数都显著为负，表明社会监督显著降低了地方财政收入预决算偏离度和地方财政支出预决算偏离度。本章在第（3）列和第（4）列进一步控制了政府支出规模、产业结构变量，回归结果显示，收入预决算偏离度的估计系数依然显著为负，这意味着结论不变并与现实观察相一致，初步验证了本章的研究推论。此外，从预算治理效应的大小来看，财政透明度每提升1个百分点，地方财政收入预决算偏离度下降约2.8个百分点，支出预决算偏离度下降约3.6个百分点。相比较而言，社会监督对于支出预决算偏离的治理效应更明显。

表6-2 社会监督对地方政府收支预决算偏离度的影响：基准回归

变量	（1）收入预决算偏离度	（2）支出预决算偏离度	（3）收入预决算偏离度	（4）支出预决算偏离度
Lntran	−0.027**	−0.035*	−0.028**	−0.036*
	(0.014)	(0.020)	(0.014)	(0.021)
Lnpergdp	−0.063	−0.150*	0.028	−0.178
	(0.089)	(0.088)	(0.124)	(0.125)
Lnpop	−0.221	0.991***	−0.180	0.919***
	(0.159)	(0.233)	(0.183)	(0.232)
Llnemp	0.062	0.273***	0.060	0.274***
	(0.041)	(0.063)	(0.043)	(0.063)

表6-2(续)

变量	（1）收入预决算偏离度	（2）支出预决算偏离度	（3）收入预决算偏离度	（4）支出预决算偏离度
Gov1	-0.196	-1.047***	-0.278	-1.114***
	(0.265)	(0.246)	(0.288)	(0.246)
Gov2			-0.245	0.271
			(0.254)	(0.448)
ratio_gdp2			0.080	0.589
			(0.359)	(0.569)
ratio_gdp3			0.494	0.582
			(0.396)	(0.602)
常数项	2.307	-6.303***	0.758	-5.996**
	(1.872)	(2.255)	(2.395)	(2.671)
个体固定效应	是	是	是	是
时间固定效应	是	是	是	是
观测值数量	270	270	270	270
R^2	0.582	0.818	0.591	0.820

注：①括号中为在省级层面的聚类稳健标准误；②***、**和*分别代表在1%、5%和10%的水平上显著。下表同。

6.3.3 稳健性检验

6.3.3.1 内生性问题

本章主要讨论社会监督对地方政府财政预决算偏离度的影响，需要较好解决社会监督变量的内生性问题。本书衡量社会监督的指标是财政透明度，其中存在反向因果的担忧，地方政府财政收支行为的规范性，很可能会影响地方政府财政公开的选择，这意味着地方政府预决算偏离程度越小，其财政透明度可能会越高。此外，考虑到地方政府的上期预算可能也会影响到本期的预算编制（Leone and Rock，2002），因此本章同时引入因变量的一阶滞后项，将式（6-1）扩展为式（6-2）所示的动态模型，并采用系统GMM估计方法进行估计（Arellano and Bover，1995；Blundell and Bond，1998），以解决内生性对估计造成的偏差。

$$\text{Deviation}_{it} = \beta_0 + \beta_1 \text{Lntran}_{it} + \beta_2 \text{Deviation}_{i,\,t-1} +$$
$$\sum \beta_j \text{Controls}_{it} + \gamma_t + \mu_i + \varepsilon_{it} \tag{6-2}$$

回归结果如表6-3第（1）列和第（2）列所示，上期的收入预决算偏离度、支出预决算偏离度对本期各自的预决算偏离度具有显著的正向影响，这在一定程度上反映出地方财政预算具有渐进性。本章的核心解释变量 Lntran 的系数仍然为负，表明社会监督对地方收支预决算偏离度依然具有显著的降低作用，进一步验证了本章基准回归模型的稳健性。其中，序列相关检验表明模型存在一阶自相关而不存在二阶自相关，Hansen 检验表明模型不存在过度识别问题，Diff-in-Hansen 检验也表明工具变量具有外生性。

表6-3　稳健性检验：内生性问题

变量	系统 GMM 估计	
	（1） 收入预决算偏离度	（2） 支出预决算偏离度
L. Deviation_1	0.434 ***	
	（0.145）	
L. Deviation_2		0.585 ***
		（0.109）
Lntran	−0.051 *	−0.041 *
	（0.027）	（0.023）
AR（1）检验 P 值	0.001	0.029
AR（2）检验 P 值	0.445	0.278
Hansen 检验 P 值	0.257	0.194
Diff-in-Hansen 检验 P 值	0.377	0.330
控制变量	是	是
个体固定效应	是	是
时间固定效应	是	是
观测值数量	240	240

注：第（1）列和第（2）列采用系统 GMM 估计。AR（1）和 AR（2）检验的原假设是一阶差分方程的残差项序列存在一阶自相关和二阶自相关。Hansen 检验的原假设是方程不存在过度识别的问题。Diff-in-Hansen 检验的原假设是工具变量是外生的。

6.3.3.2　社会监督的不同衡量：新闻报道

社会监督主体具有广泛性，监督方式灵活多样。监督地方政府公开预算信息，作为社会公众履行监督权的重要方式，能够有效缓解政府与公众之间的信息不对称，增强公众参与及监督政府预算的能力。本章使用财政透明度作为社会监督代理变量具有一定的合理性，但由于社会监督主体和方式具有多样性，本章的研究结论可能存在偶然性，为此，本章对社会监督进行了再测度。理论上，新闻媒体具有明显的专业优势，能以较低成本搜集信息和发现问题（Keane，2009）；同时新闻报道可以降低市场参与者之间的信息不对称（Miller，2006；Tetlock，2007；Chen et al.，2013；Dyck et al.，2008；Bushee et al.，2010），减少公众等利益主体获取信息的成本，削弱政府官员的"信息垄断"。媒体曝光地方政府的过失，可以形成公共议题，引发行政体系内的官僚问责与立法监督机构的横向问责（Peruzzotti，2012；Soroka，2006），抑制政府自由裁量预算的增长。这在一定程度上弥补了社会公众因专业知识等的限制而表现出的"理性无知"（Dyck and Zingales，2004；张琦 等，2016）。据此，本章试图通过媒体新闻报道来再测度社会监督，检验基准回归结论的有效性。

借鉴张琦和郑瑶（2018）的做法，使用"省（自治区、直辖市）名+财政预算""省（自治区、直辖市）名+财政决算""省（自治区、直辖市）名+一般公共预算收入""省（自治区、直辖市）名+一般公共预算支出"四组关键词在百度新闻中进行全文搜索，通过网络爬虫方法获取样本时间范围内的新闻数量；并将对应年份内出现的新闻总数加1后取自然对数，作为衡量新闻报道的指标。在基准回归模型式（6-1）中，将其作为核心解释变量，重新进行回归。回归结果如表6-4第（1）列和第（2）列所示，在以收入预决算偏离度和支出预决算偏离度分别为被解释变量的模型中，新闻报道的估计系数均显著为负，这意味着媒体新闻报道式的社会监督也能够显著地降低地方政府收入、支出预决算偏离度，较好地印证了本章基准回归的结论。

表6-4　稳健性检验：社会监督的不同衡量

变量	（1） 收入预决算偏离度	（2） 支出预决算偏离度
Lnnews	−0.023*** （0.008）	−0.024* （0.013）
控制变量	是	是
个体固定效应	是	是
时间固定效应	是	是

表6-4(续)

变量	（1） 收入预决算偏离度	（2） 支出预决算偏离度
观测值数量	270	270
R^2	0.598	0.821

6.3.3.3 其他稳健性检验

其一，剔除2008年金融危机的影响。2008年全球爆发金融危机，各国经济增速迅速下滑，我国政府采取适度宽松的货币政策和积极的财政政策来应对危机。为剔除金融危机对地方政府财政收支预决算偏离造成的影响，本节去掉了2008—2009年的样本数据，对式（6-1）重新进行估计，回归结果如表6-5第（1）列和第（2）列所示，社会监督对地方政府收入预决算偏离度、支出预决算偏离度仍然具有显著的降低作用，表明样本选择不影响本节的结论。其二，考虑直辖市的影响。本章的研究样本中含有北京、天津、上海、重庆4个直辖市，与其他省份的行政特征不同。为排除特定地区对基准回归结论的影响，本节将上述4个直辖市从样本中剔除，并对式（6-1）重新进行回归，表6-5中第（3）列和第（4）列的结果表明，本章的结论具有稳健性。其三，考虑辖区区县个数。本章的研究对象是各省份地方政府总预算。理论上，汇总的下级地方政府个数越多，对地方政府总预算偏离的影响可能越大。为此，本节进一步加入下辖区县个数作为控制变量，以考察本章研究结论的稳健性。表6-5中第（5）列和第（6）列显示，在控制下辖区县个数后，本章结果依然成立。

表6-5　其他稳健性检验

变量	考虑2008年金融危机影响		剔除直辖市样本		考虑辖区区县个数	
	（1） 收入 预决算 偏离度	（2） 支出 预决算 偏离度	（3） 收入 预决算 偏离度	（4） 支出 预决算 偏离度	（5） 收入 预决算 偏离度	（6） 支出 预决算 偏离度
Lntran	−0.032** (0.016)	−0.048** (0.023)	−0.024* (0.014)	−0.037* (0.022)	−0.028** (0.014)	−0.034* (0.020)
Lncounty					−0.005 (0.160)	0.284 (0.215)
控制变量	是	是	是	是	是	是

表6-5(续)

变量	考虑 2008 年金融危机影响		剔除直辖市样本		考虑辖区区县个数	
	（1）收入预决算偏离度	（2）支出预决算偏离度	（3）收入预决算偏离度	（4）支出预决算偏离度	（5）收入预决算偏离度	（6）支出预决算偏离度
个体固定效应	是	是	是	是	是	是
时间固定效应	是	是	是	是	是	是
观测值数量	210	210	234	234	270	270
R^2	0.631	0.833	0.592	0.807	0.591	0.821

6.3.4　进一步分析

6.3.4.1　社会监督与预决算偏离：预算编制和预算执行

地方政府收支预决算偏离揭示的是地方政府决算数与年初预算数的偏离程度。年初预算编制质量和预算执行的约束效力，会直接影响地方政府收支预决算偏离。本节进一步检验社会监督对预算编制和预算执行环节的影响，以考察社会监督发挥预算偏离矫正作用主要是通过提升预算编制质量，还是通过强化预算执行。

其一，预算编制。在地方政府年度预算运行过程中，允许经过法定程序对年初预算数进行调整，预算调整作为对年初批准预算数的合法修正，调整预算数与年初预算数之间的差异，在很大程度上反映了年初预算编制的科学性和合理性。因为如果编制更为科学合理的预算，在执行过程中就不需要进行太多调整。这里，基于手工收集到的各省份年初预算数，以年度内各省份收支年初预算数与对应的调整预算数之间差异程度的绝对值，作为预算编制偏离度的衡量指标。其二，预算执行。预算约束力不足、执行不规范，会造成实际支出突破预算，造成财政资金使用失范和低效，并损害预算的严肃性。基于此，这里基于调整后的收支预算数与决算数之间差异程度的绝对值，来刻画地方政府的预算执行偏离度，计算得到各省份收支预算的执行偏离度。

在式（6-1）基础上，分别以收入和支出预算编制偏离度为被解释变量，检验社会监督对地方政府预算编制环节的影响；以基于调整预算数的收入和支出预算执行偏离度为被解释变量，检验社会监督对地方政府预算执行环节的治理效应，回归结果如表6-6所示。就预算编制而言，社会监督显著降低了地方政府支出预算编制偏离度，而对收入预算编制偏离度的影响并不显著。可能在于收入预算确定性比较高，社会公众更多地关注预算支出安排的合理性、支出的有效性。就预算执行而言，社会监督对收入和支出预算执行偏离度均具有显著的降低作用。

表6-6 社会监督对地方政府预算编制和预算执行的影响

变量	（1）收入预算编制偏离度	（2）支出预算编制偏离度	（3）收入预决算执行偏离度	（4）支出预决算执行偏离度
Lntran	0.004 (0.012)	−0.050* (0.026)	−0.034*** (0.011)	−0.017*** (0.005)
控制变量	是	是	是	是
个体固定效应	是	是	是	是
时间固定效应	是	是	是	是
观测值数量	270	270	270	270
R^2	0.570	0.821	0.591	0.840

6.3.4.2 社会监督与预决算偏离："超收""短收"和省本级偏离行为

在上述分析中，被解释变量是地方政府预决算偏离度的绝对值，主要探究的是地方政府年初预算数与实际执行的决算数之间的差异程度，并未区分正向预决算偏离和负向预决算偏离。为进一步探究社会监督对地方政府正向、负向预决算偏离行为的影响，本节将基于年初预算数计算的收入预决算偏离度大于0的正向偏离作为"超收"样本，收入预决算偏离度小于0的负向偏离作为"短收"样本，进而分析地方政府财政收入预算中的"超收""短收"行为。由于在地方政府的支出预算中，仅有极个别样本出现负向偏离的情况，样本量过少而不能满足回归要求，故未能识别地方政府在支出预算中的"短支"行为。本节对收入预算的两个子样本分别基于式（6-1）进行回归估计，为便于理解回归结果，本节将负向偏离样本中的被解释变量取绝对值后进行回归。回归结果如表6-7第（1）列和第（2）列所示，社会监督在超收样本中的回归系数显著为负，在"短收"样本中的回归系数为负（P值=0.168）但在统计上不显著。这意味着社会监督对地方政府"超收"行为具有显著的降低作用；同时对"短收"行为也具有一定的抑制作用但并不明显。

表 6-7　社会监督对地方政府预决算偏离度的影响："超收""短收"和省本级偏离

变量	"超收"样本	"短收"样本	省本级	
	（1）	（2）	（3）	（4）
	收入预决算偏离度	收入预决算偏离度	收入预决算偏离度	支出预决算偏离度
Lntran	−0.040***	−0.132	−0.017	−0.084**
	(0.013)	(0.091)	(0.054)	(0.041)
控制变量	是	是	是	是
个体固定效应	是	是	是	是
时间固定效应	是	是	是	是
观测值数量	214	56	270	270
R^2	0.696	0.974	0.263	0.630

本章对社会监督的地方政府预决算偏离治理效应的考察显示，社会监督降低了地方政府收入和支出预决算偏离度。上述分析结果，是对包含省及以下地方政府预算整体而言，基于数据的可得性，这里进一步考察社会监督对省级政府可控预决算偏离行为的影响。通过收集整理各省份本级的年度财政预算数据，计算出各省份本级财政的预决算偏离。以本级财政收支预决算偏离度作为被解释变量，基于式（6-1）重新进行回归，结果如表 6-7 第（3）列和第（4）列所示。可以看出，社会监督对省本级支出预决算偏离度具有显著的降低作用，对省本级收入预决算偏离度的影响为负，但在统计上不显著。

6.3.4.3　社会监督对财政支出结构的影响

上述研究表明，社会监督对地方政府预决算偏离行为具有显著的治理效应。与此相关的问题是，社会监督对地方政府预决算偏离的矫正，是否使预算支出结构得以优化。为此，本节根据新的政府支出分类情况，收集样本地区历年财政支出项目数据，进一步分析社会监督对不同财政支出项目的影响。表 6-8 考察了社会监督对不同财政支出项目的影响，其中作为被解释变量的不同财政支出项目，为取自然对数的财政支出决算数。从回归结果中可以发现，社会监督显著降低了一般公共服务支出和城乡社区事务支出，同时促进了科技支出、医疗卫生支出、节能环保支出显著增加，而对教育支出、交通运输支出影响不显著。应该看到，一般公共服务支出属于广义的政府机关运行费用，减少该项支出符合中央要求，可以为提供满足居民需要的公共服务留出更多资金；在经济社会高质量发展的新阶段，增加科技支出是提升国家科技竞争力和长期发展潜力的迫切需要，增加医疗卫生和节能环保支出符合人民的美好生活需要。这意味着社会监督在矫正地方政府预决算偏离的过程中，同时有助于优化地方政府财政支出结构。

表 6-8   社会监督对不同财政支出类型的影响

变量	（1） 一般 公共 服务 支出	（2） 教育 支出	（3） 科技 支出	（4） 医疗 卫生 支出	（5） 节能 环保 支出	（6） 城乡 社区 事务 支出	（7） 交通 运输 支出
Lntran	−0.038 *** （0.014）	−0.016 （0.012）	0.059 ** （0.028）	0.020 * （0.012）	0.066 ** （0.032）	−0.053 ** （0.027）	−0.012 （0.037）
控制变量	是	是	是	是	是	是	是
个体固定效应	是	是	是	是	是	是	是
时间固定效应	是	是	是	是	是	是	是
观测值数量	270	270	270	270	270	270	270
R^2	0.990	0.994	0.986	0.994	0.954	0.979	0.960

6.4 本章小结

社会监督是国家监督体系的重要组成部分。为探究社会监督是否降低了地方政府预决算偏离度，本章运用 2008—2016 年省际面板数据实证检验了社会监督对地方政府收入、支出预决算偏离行为的治理效应；并进一步考察了社会监督对地方政府的预算编制和预算执行环节的不同作用，以及对省级政府可控偏离行为的影响。具体说来，发现社会监督显著地降低了地方政府收入预决算偏离度和支出预决算偏离度。社会监督对地方政府收入预算和支出预算的执行偏离度均具有显著的降低作用，对预算编制偏离的矫正效应主要存在于支出预算上；对省本级预决算偏离的矫正效应主要体现在支出预算上。此外，社会监督在矫正地方政府预决算偏离的同时，还促进了地方政府财政支出结构的合理化和优化。本章的研究结论为理解社会监督的预算治理效应，构建公开透明的现代预算制度，充分运用社会监督力量完善约束有力的现代预算制度提供了经验支持。

7 主要结论和政策建议

7.1 主要结论

本书从地方政府财政预决算偏离的视角，分析了我国财政预算多元化监督体系的制度机理和治理效应，主要从法治、人大、审计、社会监督等制度层面，运用实证方法来对我国财政预算监督制度的治理效应进行多维度解释，系统地阐释了各制度的作用机制，为建立约束有力的现代预算制度提供制度设计参考；并将新时代财政预算管理中的有益之举，如修订《预算法》、加强人大财政预决算审查监督、完善审计监督制度、推进预算公开等，与实证研究相结合，为进一步深化财政预算管理体制改革提供了经验证据。主要结论如下：

第一，预算法治有助于降低地方政府预决算偏离度。新《预算法》的实施降低了地方政府收支预决算偏离度，增强了政府预算的约束力；进一步的机制检验显示，新《预算法》通过增强收入预算编制的科学性，降低了收入预决算偏离度；通过促进支出预算及时下达，约束政府年底"突击花钱"行为，降低了支出预决算偏离度。此外，研究还发现，新《预算法》对支出预算变动幅度影响不显著，支出预算在年初编制时质量不高、实际执行中仍存在着较大幅度调整，意味着具有总括性的新《预算法》对支出预算编制的指导和规范作用有待改进。

第二，人大监督能够降低地方政府收入预决算偏离度和支出预决算偏离度。进一步分析显示，相比预算执行，人大监督对地方政府预算编制偏离环节的影响更为明显；同时人大监督对本级政府可控的支出预决算偏离行为，具有显著的治理作用，对本级政府收入预决算偏离的影响并不显著。拓展性分析发现，对于支出预算而言，人大专委会预算审查结果意见力度越弱的地区，增强人大代表监督力度的动机会越强；人代会闭会期间，人大常委会财政监督力度越强的地区，通过人大代表所提建议数来降低地方政府收支预决算偏离度的动机越弱。此外，可以运用现代信息技术来完善人大预算审查监督制度，人大预算联网监督系统成为加强人大监督力度的有效替代手段。

第三，审计作为党和国家监督体系的重要组成部分，对地方政府收支预决算偏离度具有显著的降低作用。进一步分析显示，国家审计通过审计建议采纳的制度完善效应、审计整改的行为纠偏效应、审计问责的震慑效应矫正地方财政预决算偏离；具体而言，审计建议的采纳、审计问责降低了地方财政收入预决算偏离度，审计整改和审计问责降低了地方财政支出预决算偏离度。此外，审计查出问题整改情况向本级人大常委会报告机制，使审计监督与人大监督形成合力，显著增强了审计对预决算偏离的治理效应。拓展性分析还发现，国家审计主要对地方政府自身可控的预决算偏离具有治理作用，而新增债务和转移支付收入等宏观财政管理体制因素会弱化审计监督对地方财政预决算偏离的治理作用；国家审计对地方政府"超收""短收"行为同样也具有治理作用。这为发挥审计在党和国家监督体系中的重要作用，强化国家审计"免疫系统"功能提供了经验证据，对当前更好地发挥国家审计在地方政府预算治理中的作用具有启示价值。

第四，社会监督显著地降低了地方政府收入预决算偏离度和支出预决算偏离度。进一步分析显示，社会监督对地方政府收入、支出预算的执行偏离度均具有显著的降低作用，对预算编制偏离的矫正效应主要存在于支出预算上；社会监督对省本级预决算偏离的矫正效应主要体现在支出预算上。此外，社会监督在矫正地方政府预决算偏离的同时，还促进了地方政府财政支出结构的合理化和优化。这为理解社会监督的预算治理效应，构建公开透明的现代预算制度，充分运用社会监督力量完善约束有力的现代预算制度提供了经验支持。

7.2 政策建议

7.2.1 拓展法律深度，强化预算法治

预算法律是政府行使预算职能的依据，法律制度的完备性和规范性直

接影响着现代预算制度的权威性和约束力。为降低预决算偏离度，强化预算约束，建立全面规范透明、标准科学、约束有力的预算制度，有必要不断完善政府财政预算的法律法规制度，加大实施力度。第一，应督促落实新的《中华人民共和国预算法实施条例》，增强新《预算法》的可操作性和可执行性，以制度的方式强化预算的约束力。第二，提升支出预算年初编制的质量。如年初预算编制时，应当细化预算编制科目，同时减少其他支出大类的预算占比，大幅提升年初预算编制的科学性和合理性。第三，我国目前有关财政监督的法律法规处于分散状态，散见于《中华人民共和国预算法》《中华人民共和国审计法》《中华人民共和国监察法》等，已难以满足当前社会经济发展的监督需求，建议尽早出台专门的财政监督法，明确各财政监督主体在财政监督活动中的义务与权利，使各监督体系实现有效融合与相互配合，形成完整有力的预算监督体系。

7.2.2 增强主体意识，做实人大监督

现代预算制度的有效运转，需要人大发挥好对政府预算的审查监督作用，以保证政府预算的科学性和合理性。人大及其常委会应当与时俱进，不断提升自身的预算审查监督实力，保证现代预算制度切实发挥作用。

7.2.2.1 加强人大预决算审查监督职能

完善人大及其常委会预算审查监督的法律法规。地方人大及其常委会也应当尽快出台相应的地方性法规。如结合本省份实际情况，尽快出台或修订预算审查监督条例，以此来规范和明确本省份各级人大及其常委会审查本级预算草案、预算调整方案、决算草案、预算执行情况等的重点内容和要求，明确预算修正案和重点审查对象可进行单项表决的规定，强化人大及其常委会批准决议的合理性。加强人大预决算审查监督职能，实现人大对预算的全口径、全过程、全方位、全覆盖审查监督；尤其是加强对预算调整的实质性审查，对依据不充分、不合理的调整不予批准，强化对政府预算执行的约束力。此外，明确对权力机关工作人员的制度要求，约束人情行为。如果对负责执行法律法规要求的工作人员，问责追责制度不健全，对权力机关工作人员的约束力不强，政府部门便有游说权力机关工作人员的空间。因此，也应当对权力机关工作人员的履职水平进行考评和规范。

7.2.2.2 加强人大预算审查监督的机构及队伍建设

（1）设立预算委员会或相关专门机构。要提升现代预算制度的约束

力，就需要设立单独的专门委员会来认真履行人大对政府预算的审查监督职能。但现今省级人大专门委员会中并未设立预算委员会，预算审查监督工作多由财经委等相关机构负责。在新时代各级人大常委会要积极争取党委支持，建立完善的预算审查监督体制机制，设立人大的相关专门委员会，专职负责人大预决算审查监督工作。此外，应当在省人大常委会下设立预算工作委员会或预算审查监督室，配备专业队伍、加强专业培训，并采取聘任专家、购买服务、鼓励公众参与等方式加强预算审查监督工作。

（2）加强与高校合作，借力专家队伍。就现有的人大及其常委会相关机构而言，其人员配备有限，只能基本满足人大目前的日常工作事务需要。要落实上述新要求，尤其缺少财税方面的专业人士，急需借助高校的专家队伍的力量，以增强人大调研团队的专业能力。如针对人大预算审查监督专业人员长期缺乏的现状，校地联合发起成立地方人大预算审查监督研究中心。研究中心有助于汇集省内外的人大预算审查监督专家，使实务工作者的丰厚经验与院校专家的研究理论相结合，以提升调研团队的专业水平。通过积极开展有针对性的课题调研，把人大预算联网监督发现的问题落实，还能实现对政府支出预算和财税政策的合理性与科学性的科学评估，进而形成高质量的调研成果，为人大积极主动地审查监督政府预算提供很好的调研依据和政策建议。

7.2.2.3 建立健全听取社会各界意见和建议的反馈机制

人民群众作为政府预算审查监督的主体，对预算执行的效果最有发言权。因此，人大在预算审查监督工作中应当听取人大代表和社会各界人士的意见和建议，建立积极有效的沟通机制，与人民群众保持紧密的联系。

（1）建立预算审查前听取人大代表和社会各界意见建议的机制。建立有效的群众意见反馈机制，有助于将权力机关的工作植根于群众。只有当人民群众的意见建议能及时得到反馈，其参与国家治理的主动性与可能性才会提高，国家治理体系和治理能力现代化才会真正实现。然而，当前这种意见反馈机制并未完全建立。如四川省人大常委会办公厅已于2017年出台了《关于建立预算审查前听取人大代表和社会各界意见建议的机制的意见》，并通过相关的人大网站向社会各界人士公开征求预算编制、审查、财税政策等方面的意见与建议，取得了较好的成效。但很多省份的意见反馈机制不畅通、不透明，未能及时传达人民群众的心声，则其相应的权力机关就不能真正地服务代表、服务人民，难以真正地维护广大人民群众的根本利益。地方人大及其常委会都应当尽快建立预算审查前听取人大代表和社会各界意见建议的机制，及时公开沟通渠道。

（2）制度化人大预算审查代表联络员方式。人大代表来自社会各界，部分代表对政府预算的认识有限，并且预算审查监督需要一定的专业素养。因此，当人代会审查政府预算时，部分代表反映看不懂政府预算，难以进行实质性审查。一些省份针对该问题进行了积极创新，即在各代表团，以推荐或者指定的方式，选取2~3名业务素质强、时间充裕、德才兼备的代表作为联络员，组织培训，联系代表，提升代表的预算审查监督能力，并向各自代表团的代表详细传达人大预算审查监督的原则、方法等。代表只有在理解如何开展预算审查监督工作后，才能在预算审查监督中发挥切实的作用，传达社会各界的心声。因此，应当推广和制度化该探索成果，即全国各级人大应当建立人大预算审查联系代表制度，以提升人大代表的预算审查监督水平。

（3）搭建联系代表的移动端审查监督平台。人大预算审查联系代表制度发挥作用不应当局限在人代会期间，人大代表在闭会期间更应当及时地履行监督职责。为提升人大代表在闭会期间履行对政府预算执行情况的监督职责的能力，各级人大可以在建设人大预算联网监督信息平台时，开发代表移动端审查监督系统，并将该系统安装在指定的平板中。通过移动平台，联系代表可以对预算审查监督工作提出意见和建议，及时反映广大人民群众的诉求。地方人大及其常委会相关工作机构也应当及时推送政府预算的执行情况、人大预算审查监督动态、代表意见办理情况、工作人员履职情况、审查监督指南等，从而真正地打通权力机关与人民群众之间的沟通渠道，及时地传达代表意见和反馈意见办理结果，更好地发挥代表的审查监督作用。

7.2.2.4 提升人大预算审查监督工作的信息化和规范化水平

新时代加强人大代表的履职能力，需要充分利用现代化信息技术。即各级人大及其常委会应当不断创新人大预算审查监督工作方式，加快人大预算联网监督、国有资产管理等系统建设，为实现对政府预算的全口径、全过程监督提供技术条件。这既是贯彻落实党中央加强人大预算审查监督工作的具体举措，也是以信息化推进国家治理体系和治理能力现代化的积极实践。以信息化的手段对人大审查监督工作进行规范，有助于提升人大的工作能力，便于记录负责审查监督工作的人员的履职情况，流程化和制度化预算审查监督工作；又可数据化管理审查时的各版本预决算草案，实现无纸化和可追溯审查，以提升审查效率。

7.2.3 创新机制设计，完善审计监督

党的十八大以来，中央针对国家审计进行了一系列重大部署，不断将其提升至推进国家治理体系和治理能力现代化的高度。本书的研究结论表明，国家审计能够有效地治理地方政府财政预决算偏离行为，有助于推进现代预算制度的建立。为此，应充分发挥中国特色的国家审计在财政监督和国家治理中的"经济体检"和"财产看门人"作用，加快实现财政审计全覆盖，提升地方政府的预算治理能力。

第一，保持审计工作的独立性，真正发挥审计的本职作用。各级党委、政府应严格执行《中华人民共和国审计法》及《中华人民共和国审计法实施条例》，采取有效措施保证审计机关独立行使审计监督权，不得以任何不当理由影响审计机关的审计工作，更不得指使变更审计结果。人大要加强对政府审计工作、审计结果、审计整改的监督，加大审计机关贯彻实施《中华人民共和国审计法》《中华人民共和国审计法实施条例》《中华人民共和国预算法》《中华人民共和国预算法实施条例》《财政违法行为处罚处分条例》等财政审计法律法规的执法检查。

第二，审计机关具有建议纠正违法规定权和建议给予行政处分权，可以通过审计建议采纳、审计整改和审计问责方式发挥对地方政府预决算偏离行为的治理效应。为此，应持续优化审计工作制度、机制、技术和方法，不断提高审计发现问题的能力，提升审计建议质量。如继续推进构建全口径的审计联网信息数据库，横向涵盖同级单位，纵向包括下级政府及其所属部门、单位财务业务数据，为大数据审计提供数据支撑，进而更好地发挥国家审计对地方政府的预算治理作用；同时，应继续加强领导干部经济责任审计和领导干部自然资源资产离任审计工作，发挥好国家审计"治已病，防未病"的作用。

第三，审计查出问题整改情况向本级人大常委会报告的制度设计，能够强化审计成果的运用，增强国家审计对地方政府的预算治理效应。因此，应充分发挥审计与人大合力监督的制度效力，进一步加强监督信息的融合，提升监督工作实效。2017年全国人大常委会提出推进地方人大预算

联网监督系统建设①，构建预算联网监督数据库。审计机关要充分运用本级人大预算联网监督平台的数据信息及其发现的预算执行问题线索，对支出预算执行情况进行及时有效监督。

第四，由于新增债务和转移支付收入等财政管理体制因素会弱化审计监督对地方财政预决算偏离的治理作用。为此，应深化财政管理体制改革，一方面，进一步完善地方政府债务管理，增强债务的确定性和规范性，在预算编制时能科学合理确定债务规模，将债务资金安排纳入预算；另一方面，完善转移支付配置和下达机制，当年初预算编制时，地方政府能相对准确地掌握一般性转移支付和专项转移支付的规模，尽量避免预算执行中转移支付的不合理调增调减。

7.2.4 深化预算公开，增强社会监督

为充分发挥社会公众在地方政府预算治理中的作用，建议进一步深化政府预算信息公开改革。

第一，坚持预算透明是现代预算制度的基本原则和要求，预算过程和预算内容信息的公开透明，可以有效地缓解公众与政府之间在预算资金使用上的信息不对称问题，从而提升社会公众积极参与地方治理和预算监督的能力。为此，应继续强化政府预算信息"公开为常态、不公开为例外"的原则，督促政府部门主动接受社会公众的监督，提高财政预算公开内容的深度和精度。如进一步定期公开披露经审计的财务报告，包括资产负债表、收入费用表、现金流量表、资本（投资）支出表、财政支出绩效表和财政风险表等，增强预算信息公开的全面性，为社会公众参与预算监督提供实质性的数据信息。

第二，发挥好新闻媒体的报道作用，积极有效地引导媒体理性报道和分析政府预算信息，降低社会公众获取预算信息的成本，帮助公众克服"理性无知"的状态，便利和促进社会公众积极参与预算监督。如加强在主流媒体上报道公众监督发现财政资金使用问题的事迹，鼓励公众有序参与，正确表达意见。通过媒体有理有据的监督，"倒逼"政府公开透明地使用财政资金，强化预算的执行效力。

第三，社会监督有助于促进地方政府财政支出结构合理化，为此，应

---

① 扎实推进地方人大预算联网监督［EB/OL］.（2017-07-06）［2023-12-20］. http://politics. people.com.cn/n1/2017/0706/c1001-29385825. html.

持续拓展财政预算信息公开渠道、优化公开方式。在预算支出安排和财政支出结构优化调整中，可通过问卷调查了解辖区居民的公共服务偏好和公共需要、公开征集预算编制意见等，充分吸收辖区社会公众的意见和建议，使预算收入取之于民、预算支出用之于民，用于民之所愿、民之所需，服务于实现人民对美好生活的向往。并且，人大相关网站也应当及时公布政府预算的审查监督情况、财政预算执行的审计情况、发现问题的相关反馈情况、代表意见办理情况等，以提供公众发现问题的信息条件。

第四，增强公众主动监督政府预算的意识。政府预算信息公开是公众对政府预算进行监督的基础，公众作为预算执行情况的监督主体，应当对政府预算内容及执行情况进行及时有效的监督。然而，现代预算思想自晚清时从西方国家传入，并逐步被国人认可，但现代预算对政府行为的约束作用并未真正地被国民接受，以致社会公众、政府官员都并未重视现代预算对政府行为的约束力。此外，当前大部分关注预算者为政府部门、人大工作人员，以及相关科研院所的研究人员，建议深化公民积极监督预算的观念，进一步增强公众主动参与预算审查监督的意识。

约束地方政府预决算偏离行为、增强财政预算约束力，是推进现代预算制度建设进程的有效途径，本书从预算法治、人大监督、审计监督和社会公众监督的视角，实证检验了不同预算监督制度的治理效果和治理特征。本书对充分发挥多元化的预算监督机制作用，提高政府预算资金使用绩效，提升地方政府预算治理能力和财政可持续发展能力具有积极作用，有助于推进国家治理体系和治理能力现代化。

参考文献

安志刚，2019. 项目支出预算与支出政策衔接匹配的改革路径研究 [J]. 预算管理与会计（2）：45-48.

白彦锋，2020. 深入贯彻以人民为中心的发展理念使过"紧日子"成为各级政府的自觉行动 [J]. 中国财政（13）：10-12.

布坎南，塔洛克，2000. 同意的计算：立宪民主的逻辑基础 [M]. 陈光金，译. 北京：中国社会科学出版社.

蔡定剑，2004. 论人民代表大会制度的改革和完善 [J]. 政法论坛（6）：7-17.

曾凡军，王宝成，2010. 我国政府预算的碎片化现状及其整体性治理策略研究 [J]. 理论月刊（9）：60-62.

陈共，2015. 财政学对象的重新思考 [J]. 财政研究（4）：2-5.

陈健，2020. 用发展着的理论指导发展着的审计实践 [J]. 审计研究（4）：6-7.

陈丽红，张龙平，朱海燕，2016. 国家审计能发挥反腐败作用吗？[J]. 审计研究（3）：48-55.

陈龙，2011. 预算信息公开：风险、困惑及化解 [J]. 国家行政学院学报（5）：57-61.

陈隆近，周小林，冯力沛，2015. 财政透明度与预算改革：基于四川省县级政府的调查研究 [J]. 中央财经大学学报（9）：10.

陈思霞，卢盛峰，2014. 分权增加了民生性财政支出吗？：来自中国"省直管县"的自然实验 [J]. 经济学（季刊），13（4）：1261-1282.

陈思霞，许文立，张领祎，2017. 财政压力与地方经济增长：来自中国所得税分享改革的政策实验 [J]. 财贸经济（4）：37-53

陈希晖，王会金，陈骏，2010. 政府预算与政府审计的互动关系研究：基于公共治理的视角 [J]. 中国行政管理（6）：32-35.

陈志刚，2020. 财政支出分权如何影响政府支出预算偏离 [J]. 经济理论与经济管理（11）：39-54.

陈志刚，吕冰洋，2019. 中国政府预算偏离：一个典型的财政现象 [J]. 财政研究（1）：24-42.

程乃胜，2016. 国家审计全覆盖视域中的我国审计法律制度之完善 [J]. 法学评论，34（4）：41-46.

程瑜，2008. 政府预算中的契约关系及其制度设计：一种委托代理理论的研究视角 [J]. 财政研究（11）：28-31.

程瑜，2009. 政府预算监督的博弈模型与制度设计：基于委托代理理论的研究视角 [J]. 财贸经济（8）：48-52.

池国华，陈汉文，2017. 国家审计推进现代预算管理的路径探讨 [J]. 审计研究（3）：30-35.

储德银，左芯，2019. 财政公开的经济社会效应研究新进展 [J]. 经济学动态（5）：135-148.

崔振龙，王鸿，2012. 凝聚共识谋发展：论道"国家审计与国家治理"系列之一：国家审计有效参与国家治理相关问题辨析 [J]. 中国审计（1）：16-19.

邓力平，王智烜，邓秋云，2020. 对"过紧日子"重要思想与财政实践的几点认识 [J]. 财政研究（12）：3-10.

邓淑莲，2016. 财政公开透明：制度障碍及破阻之策：基于对我国省级财政透明度的7年调查和评估 [J]. 探索（3）：62-68.

邓淑莲，朱颖，2017. 财政透明度对企业产能过剩的影响研究：基于"主观"与"被动"投资偏误的视角 [J]. 财经研究，43（5）：4-17.

樊丽明，石绍宾，2021. 中国人大预算监督40年：进程、趋向与逻辑 [J]. 财政研究（2）：36-43.

樊丽明，史晓琴，石绍宾，2022. 我国地方人大预算监督评价：理论、指标及应用 [J]. 管理世界，38（2）：7，100-115.

范方志，汤玉刚，2007. 农村公共品供给制度：公共财政还是公共选择？[J]. 复旦学报（社会科学版）（3）：77-82.

范子英，王倩，2019. 财政补贴的低效率之谜：税收超收的视角 [J]. 中国工业经济（12）：23-41.

冯辉，沈肇章，2015. 政治激励、税收计划与地方财政收入预决算偏

离：基于省际动态面板数据模型的分析 [J]. 云南财经大学学报，31
（3）：27-39.

高琳，2012. 分权与民生：财政自主权影响公共服务满意度的经验研
究 [J]. 经济研究，47（7）：86-98.

高培勇，2008. 关注预决算偏离度 [J]. 涉外税务（1）：5-6.

谷成，曲红宝，王远林，2016. 腐败、经济寻租与公共支出结构：基于
2007—2013 年中国省级面板数据的分析 [J]. 财贸经济（3）：14-27，77.

顾海兵，刘栩畅，2015. 财政预算程序视角下的预算偏离度研究 [J].
学术界（10）：52-61.

郭剑鸣，周佳，2013. 规约政府：现代预算制度的本质及其成长的政
治基础：以中西方现代预算制度成长比较为视角 [J]. 学习与探索（2）：
55-59.

郭鹏飞，2020. 领导干部自然资源资产离任审计的重点：基于总体评
价视角 [J]. 中国人口·资源与环境，30（10）：105-112.

郭芮佳，池国华，程龙，2018. 公众参与对政府审计腐败治理效果的
影响研究：基于国家治理视角的实证分析 [J]. 审计与经济研究，33
（2）：19-28.

韩峰，胡玉珠，陈祖华，2020. 国家审计推进经济高质量发展的作用
研究：基于地级城市面板数据的空间计量分析 [J]. 审计与经济研究，35
（1）：29-40.

韩丽娜，2012. 从政府预决算偏离度谈预算管理改革 [J]. 财会研究
（14）：6-9.

韩曙，2017. 地方财政预决算调整偏离度研究：以上海市一般公共预
算为例 [J]. 财政科学（8）：133-137.

华国庆，2009. 预算法的理念与中国预算法的完善 [J]. 法学论坛，
24（4）：86-92.

华国庆，2014. 全口径预算：政府财政收支行为的立法控制 [J]. 法
学论坛，29（3）：32-39.

黄溶冰，王跃堂，2010. 我国省级审计机关审计质量的实证分析
（2002—2006）[J]. 会计研究（6）：70-76，96.

黄溶冰，乌天玥，2016. 国家审计质量与财政收支违规行为 [J]. 中
国软科学（1）：165-175.

黄寿峰，郑国梁，2015. 财政透明度对腐败的影响研究：来自中国的证据 [J]. 财贸经济 (3)：30-42.

贾春泽，2012. 论我国社会主义国家审计在国家治理中的作用 [J]. 会计之友 (35)：61-62.

姜江华，刘誉泽，杜相乾，2018. 中国特色社会主义审计制度：发展历程与改革重点 [J]. 中国行政管理 (9)：58-62.

蒋悟真，2014. 中国预算法实施的现实路径 [J]. 中国社会科学 (9)：125-145，205-206.

李炳鉴，2005. 比较财政学 [M]. 天津：南开大学出版社.

李春根，徐建斌，2016. 中国财政预算透明与地区官员腐败关系研究 [J]. 当代财经 (1)：19-28.

李丹，裴育，2016. 财政透明度对财政资金配置效率的影响研究 [J]. 财经研究，42 (2)：40-49.

李红霞，2011. 让政府预算在阳光下运行：预算公开透明的思考 [J]. 财政研究 (1)：18-19.

李建军，2013. 我国预算体制改革的方向与制度设计 [J]. 财政监督 (19)：10-12.

李建军，李慧，2012. 我国预算监督制度构建析论 [J]. 财政监督 (24)：19-22.

李建军，刘媛，2020. 新《预算法》能够降低地方政府预决算偏离度吗?：来自四川省市州的证据 [J]. 财政研究 (7)：39-52.

李建人，2015. 公众预算知情权及其约束制度 [J]. 法学 (9)：75-87.

李兰英，刘辉，2006. 我国人民代表大会行使预算监督权的制度缺陷分析 [J]. 中央财经大学学报 (12)：17-20.

李林，2014. 依法治国与推进国家治理现代化 [J]. 法学研究，36 (5)：3-17.

李明，聂召，2014. 国家审计促进地方经济发展的作用研究：来自省级地方政府的经验证据 [J]. 审计研究 (6)：36-41.

李荣生，2016. 国家审计参与国家治理的机制和途径研究 [D]. 北京：中央财经大学.

李升亮，2015. 论我国政府预算与决算执行的偏差问题及措施 [J]. 中国商贸 (14)：174-176.

李晓冬，马元驹，南星恒，等，2020. 精准扶贫政策落实跟踪审计：理论基础、实践困境与路径优化：基于审计结果公告文本分析的证据 [J]. 理论月刊（8）：51-63.

李燕，王晓，2016. 国家治理视角下的现代预算制度构建 [J]. 探索（3）：58-61，84.

李英，2018. 地方政府预算调整之谜：基于人大监督的解释 [J]. 地方财政研究（4）：53-59.

李影，牛毅，2014. 财政透明度对腐败影响效应分析 [J]. 地方财政研究（11）：14-16.

李永海，2016. 政府预算管理水平对地区隐性经济规模的影响研究：基于财政收支预决算偏离度视角的实证分析 [J]. 财政监督（6）：71-76.

廖家勤，2013. 优化地方预算编制权力结构探析 [J]. 财政研究（12）：67-70.

廖玉群，2018. 新《预算法》背景下我国财政透明度研究 [J]. 财政监督（20）：44-49.

林慕华，2016. 论地方人大的预算监督能力及其建构 [J]. 探索（3）：69-73.

林慕华，马骏，2012. 中国地方人民代表大会预算监督研究 [J]. 中国社会科学（6）：73-90，207.

林尚立，2006. 行动者与制度效度：以文本结构为中介的分析：以全国人大预算审查为研究对象 [J]. 经济社会体制比较（5）：75-82.

刘家义，2012. 论国家治理与国家审计 [J]. 中国社会科学（6）：60-72，206.

刘家义，2015. 国家治理现代化进程中的国家审计：制度保障与实践逻辑 [J]. 中国社会科学（9）：64-83，204-205.

刘剑文，侯卓，2014. 财税法在国家治理现代化中的担当 [J]. 法学（2）：3-11.

刘雷，崔云，张筱，2014. 政府审计维护财政安全的实证研究：基于省级面板数据的经验证据 [J]. 审计研究（1）：35-42.

刘尚希，史卫，2012. 财政精神的源与流 [J]. 经济研究参考（55）：16-22.

刘生旺，陈鑫，2019. 财政透明能约束政府行为吗？：基于政府行政管

理支出视角的研究 [J]. 审计与经济研究, 34 (4)：116-127.

刘书明, 余燕, 2020. 整体性预算治理：理论源流与实践模式：基于预算流程重塑视角 [J]. 宏观经济研究 (9)：22-35.

刘叔申, 2010. 政府预算的科学性与软约束：基于中国财政预算执行情况的实证分析 [J]. 中国行政管理 (2)：110-115.

楼继伟, 2014-09-01. 认真贯彻新预算法 依法加强预算管理 [N]. 人民日报, (10).

鲁元平, 张克中, 欧阳洁, 2018. 土地财政阻碍了区域技术创新吗?：基于 267 个地级市面板数据的实证检验 [J]. 金融研究 (5)：101-119.

罗庆久, 2012. 关于创新议案建议办理工作机制的实践与思考：以扬州市人大议案建议办理工作为例 [J]. 人大研究 (5)：24-28.

吕冰洋, 陈志刚, 2021. 政府间收入分成与财政收入预算偏离 [J]. 金融研究 (5)：20-39.

吕冰洋, 李岩, 2020. 中国省市财政预算偏离的规律与成因 [J]. 经济与管理评论, 36 (4)：92-105.

吕冰洋, 李岩, 李佳欣, 2021. 财政资源集中与预算偏离 [J]. 财经问题研究 (1)：74-84.

吕炜, 靳继东, 2013. 中国预算改革论纲 [J]. 财经问题研究 (8)：3-13.

马蔡琛, 2009. 中国政府预算超收资金的形成机理与治理对策 [J]. 财贸经济 (4)：18-22.

马蔡琛, 张铁玲, 孙利媛, 2015. 政府预算执行偏差的行为经济学分析 [J]. 财经论丛 (3)：17-23.

马海涛, 白彦锋, 旷星星, 2017. 政治激励、财力缺失与地方非税收入预决算偏离度：基于省际面板数据的分析 [J]. 地方财政研究 (1)：21-29.

马骏, 2007. 中国预算改革的政治学：成就与困惑 [J]. 中山大学学报 (社会科学版) (3)：67-74, 126.

马骏, 侯一麟, 2004. 中国省级预算中的非正式制度：一个交易费用理论框架 [J]. 经济研究 (10)：14-23.

马岭, 2010. 我国预算大幅"超收"的法律原因评析 [J]. 法学 (9)：38-46.

马新智，陈丽蓉，2016. 财政支出预算编制松弛：基于省际数据的实证研究 [J]. 经济研究参考（38）：60-63.

马志娟，刘世林，2013. 国家审计的本质属性研究：基于国家行政监督系统功能整合视角 [J]. 会计研究（11）：79-86.

毛捷，吕冰洋，陈佩霞，2018. 分税的事实：度量中国县级财政分权的数据基础 [J]. 经济学（季刊），17（2）：499-526.

倪娟，谢志华，王帆，2021. 国家审计与预算绩效管理：定位、机制与实现路径 [J]. 中国行政管理（1）：9-15.

倪星，陈珊珊，2013. 经济结构、制度安排与地区腐败：基于副省级城市 2000—2010 年的数据分析 [J]. 中山大学学报（社会科学版），53（6）：138-150.

彭华彰，戚振东，刘军，等，2020. 审计发挥经济体检作用研究 [J]. 审计研究（5）：3-9.

蒲丹琳，王善平，2014. 官员晋升激励、经济责任审计与地方政府投融资平台债务 [J]. 会计研究（5）：88-93.

戚艳霞，王鑫，2013. 政府会计与政府审计的动态协调和制度优化 [J]. 审计研究（3）：22-27.

任喜荣，2009. 预算监督与财政民主：人大预算监督权的成长 [J]. 华东政法大学学报（5）：101-108.

任喜荣，2013. "社会宪法" 及其制度性保障功能 [J]. 法学评论，31（1）：3-9.

上官泽明，2018. 最高审计机关特征、财政审计报告质量与预算透明度 [D]. 太原：山西财经大学.

尚虎平，刘俊腾，2021. 提升我国政府全面绩效的结构性因素探讨：一个面向预算运行与绩效生成过程的协同分析 [J]. 中国行政管理（7）：93-102.

斯格瑞德，2012. 预测地方收入和支出 [M] //沙安文. 地方预算. 北京：中国财政经济出版社.

宋夏云，马逸流，沈振宇，2016. 国家审计在地方政府性债务风险管理中的功能认知分析 [J]. 审计研究（1）：45-52.

孙磊，2015. 新预算法与我国新一轮财税体制改革 [J]. 宏观经济研究（2）：16-25.

孙玉栋，吴哲方，2012. 我国预算执行中超收超支的形成机制及治理 [J]. 南京审计学院学报，9（4）：1-12.

谭志武，2006. 政府预算软约束的制度分析 [J]. 审计研究（1）：35-40.

唐云锋，2011. 政府预算的社会监督模式研究 [J]. 财政监督（28）：24-27.

万其刚，蔡春红，苏东，2004. 全国人民代表大会会议制度研究 [J]. 当代法学（6）：17-28.

王春飞，张雅靖，郭云南，2016. 中央预算执行审计：问题及整改：基于国家治理的视角 [J]. 学术研究（9）：111-116.

王春业，聂佳龙，2013. 从"三公"消费公开谈人大预算权的落实 [J]. 云南大学学报（法学版），26（1）：9-16.

王帆，谢志华，2019. 政策跟踪审计理论框架研究 [J]. 审计研究（3）：3-10.

王华春，刘清杰，2015. 地区财政预决算偏差与政府效率、经济增长的关系研究 [J]. 财经论丛（11）：34-42.

王桦宇，2017. 论人大预决算审查监督权的实质回归 [J]. 法学评论，35（2）：99-113.

王汇华，2020. 政府会计、财政透明度与经济治理：基于中国省级面板数据的经验研究 [J]. 中国软科学（3）：161-170.

王剑，张黎群，兰晓强，2009. 官僚预算最大化理论对提高政府预算效率的启示：基于预算行为视角的研究 [J]. 财政研究（8）：10-12.

王金秀，2002. "政府式"委托代理理论模型的构建 [J]. 管理世界（1）：139-140.

王绍光，马骏，2008. 走向"预算国家"：财政转型与国家建设 [J]. 公共行政评论（1）：1-37，198.

王贤彬，黄亮雄，徐现祥，2016. 高官落马遏制腐败了吗？：来自震慑效应的解释 [J]. 世界经济文汇（2）：1-23.

王霄涵，2020. 我国财政预决算偏离对经济发展的影响研究 [D]. 兰州：西北师范大学.

王秀芝，2009.1994—2007：关于我国财政收支预决算偏差的考察 [J]. 经济问题探索（9）：164-167.

王秀芝，2009. 我国人大预算监督问题研究 [J]. 财贸经济 (10)：45-50，136.

王秀芝，2015. 从预算管理流程看我国政府预算管理改革 [J]. 财贸经济 (12)：22-34.

王逸帅，2017. 地方人大财政预算初审及其推进模式的实证研究 [J]. 探索 (3)：70-81.

王银梅，2012. 官僚预算最大化理论与财政超收问题探析 [J]. 财政研究 (2)：46-49.

王雍君，2013. 预算功能、预算规制与预算授权：追寻《预算法》修订的法理基础 [J]. 社会科学论坛 (8)：126-135.

王宇昕，2014. 中国地方政府预算裁量问题研究 [D]. 北京：中央财经大学.

王志刚，杨白冰，2019. 财政分权、积极财政政策与预算支出偏离度 [J]. 宏观经济研究 (8)：15-27，38.

魏陆，2011. 人大预算监督：亟须加快从形式向实质转变 [J]. 探索 (3)：63-68.

翁士洪，2010. 整体性治理模式的兴起：整体性治理在英国政府治理中的理论与实践 [J]. 上海行政学院学报，11 (2)：51-58.

夏海利，2018. 财政透明度对"三公"经费的效应分析：基于218个地级市样本 [J]. 地方财政研究 (6)：53-60.

肖鹏，2019. 新中国成立70周年政府预算理论演变、制度改革与展望 [J]. 财政监督 (19)：5-11.

肖鹏，樊蓉，2021. 地方财政透明度对财政预决算偏离度的影响分析 [J]. 中央财经大学学报 (3)：3-14.

肖鹏，刘炳辰，王刚，2015. 财政透明度的提升缩小了政府性债务规模吗？：来自中国29个省份的证据 [J]. 中央财经大学学报 (8)：18-26.

谢柳芳，孙鹏阁，郑国洪，等，2019. 政府审计功能、预算偏差与地方政府治理效率 [J]. 审计研究 (4)：20-28.

谢旭人，2011. 坚定不移加快财税体制改革 [J]. 人民论坛 (3)：8-10.

邢斌文，2019. 全国人大财政经济委员会预算监督功能的实证考察 [J]. 财经法学 (5)：137-149.

徐阳光，2011. 收入预测与预算法治：预决算收入偏差的法律评估

[J]. 社会科学（4）：43-51.

杨进，龚小芸，化汝婷，2021. 地方人大预算监督法制化的效应研究：基于省级预算审查监督条例立法的证据［J］. 中国行政管理（9）：118-128.

杨肃昌，2013. "立法审计"：一个新概念的理论诠释与实践思考：基于加强地方人大预算监督的视角［J］. 审计与经济研究（1）：3-10.

杨志安，邱国庆，2019. 中国式财政分权、财政透明度与预算软约束［J］. 当代经济科学，41（1）：35-46.

叶满城，刘爽，2020. 地方政府财政透明、信息发送与公共治理成本控制［J］. 当代经济研究（3）：97-104.

叶新路，2014. 陕西省财政预决算差异的成因［J］. 金融经济：下半月（4）：87-89.

于玉宏，2019. "财""政"联动：中国公共预算治理改革的逻辑［J］. 理论月刊（11）：117-122.

余应敏，杨野，陈文川，2018. 财政分权，审计监督与地方政府债务风险：基于2008—2013年中国省级面板数据的实证检验［J］. 财政研究（7）：53-65.

喻开志，王小军，张楠楠，2020. 国家审计能提升大气污染治理效率吗？［J］. 审计研究（2）：43-51.

袁千惠，2021. 晋升激励与财政压力对预决算偏离的影响研究［D］. 兰州：兰州大学.

苑德宇，2014. 地方政府投资的决定因素研究：基于税收预决算偏离的视角［J］. 世界经济，37（8）：173-192.

张鼎祖，刘爱东，2015. 制度环境，政府间竞争与地方审计机关效率：基于省际面板数据的空间计量分析［J］. 会计研究（3）：87-93.

张铭洪，侯笛，张福进，2013. 基于因子分析的地方财政支出偏离度监督［J］. 当代财经（7）：23-32.

张琦，步丹璐，郁智，2016. 媒体关注、报道情绪与政府"三公"预算抑制［J］. 经济研究，51（5）：72-85.

张琦，吕敏康，2015. 政府预算公开中媒体问责有效吗？［J］. 管理世界（6）：72-84.

张琦，宁书影，郑瑶，2018. 国家审计的"三公"预算治理效应：基于中央部门的经验证据［J］. 审计研究（4）：53-61.

张琦，郑瑶，2018. 媒体报道能影响政府决算披露质量吗？［J］. 会计研究（1）：39-45.

张庆龙，谢志华，2009. 论政府审计与国家经济安全［J］. 审计研究（4）：12-16.

张蕊，2011. 论我国公共财政预算的法制监督［D］. 保定：河北大学.

张智辉，2003. 法律监督三辨析［J］. 中国法学（5）：14-22.

赵海利，彭军，2013. 预算管理中的收入预测：来自美国的经验及对中国的启示［J］. 经济社会体制比较（2）：216-225.

赵海利，吴明明，2014. 我国地方政府收入预算的科学性：基于1994—2010年地方收入预算执行情况的分析［J］. 经济社会体制比较（6）：135-147.

赵文举，张曾莲，2020. 预算偏离度推高了地方政府债务规模吗？［J］. 财经论丛，263（9）：33.

郑石桥，梁思源，2018. 国家审计促进公共支出效率的路径与机理：基于中国省级面板数据的实证分析［J］. 审计与经济研究，33（2）：29-38.

周劲尧，周振，2021. 大数据在全口径预算审查监督中的应用探析［J］. 财政监督（15）：54-59.

周克清，吴红伯，周振，2019. 构建人大预算联网监督的若干思考［J］. 财政科学（11）：41-47，52.

周黎安，陶婧，2009. 政府规模、市场化与地区腐败问题研究［J］. 经济研究，44（1）：57-69.

朱大旗，李蕊，2012. 论人大预算监督权的有效行使：兼评我国《预算法》的修改［J］. 社会科学（2）：104-111.

朱大旗，2014. 完善人大对政府预算全方位的审查监督制度［J］. 法学杂志，35（2）：13-22.

朱大旗，2015. 新《预算法》：着力加强人大对政府预算全方位的审查监督［J］. 财经法学（6）：43-54.

ARELLANO M，BOVER O，1995. Another look at the instrumental variable estimation of error-components models［J］. Journal of econometrics，68（1）：29-51.

ARMSTRONG J S，1983. Relative accuracy of judgemental and extrapolative methods in forecasting annual earnings［J］. Journal of forecasting，2（4）：

437-447.

BENDOR J, 1988. Formal models of bureaucracy [J]. British journal of political science, 18 (3): 353-395.

BLUNDELL R, BOND S, 1998. Initial conditions and moment restrictions in dynamic panel data models [J]. Journal of econometrics, 87 (1): 115-143.

BOSTASHVILI D, UJHELYI G, 2019. Political budget cycles and the civil service: Evidence from highway spending in US states [J]. Journal of Public Economics, 175.

BOYD D J, DADAYAN L, WARD R B, 2011. States' revenue estimating: cracks in the crystal ball [J]. State tax notes: 945-72.

BOYD D J, DADAYAN L, 2014. State tax revenue forecasting accuracy: technical report, rockefeller institute of government state [D]. New York: University of New York.

BOYLAN T A, GEKKER R, 2008. Economics, rational choice and normative philosophy [J]. Routledge.

BRUSCA I, GROSSI G, MANES-ROSSI F, 2018. Setting consolidated reporting standards for local government [J]. Public money & management, 38 (7): 483-492.

BUCHANAN J M, 1967. Public goods in theory and practice: a note on the Minasian-Samuelson discussion [J]. The journal of law and economics (10): 193-197.

BUETTNER T, KAUDER B, 2010. Revenue forecasting practices: differences across countries and consequences for forecasting performance [J]. Fiscal studies, 31 (3): 313-340.

BUSHEE B J, CORE J E, GUAY W, et al, 2010. The role of the business press as an information intermediary [J]. Journal of accounting research, 48 (1): 1-19.

CAIDEN N, WILDAVSKY A B, 1980. Planning and budgeting in poor countries [M]. Transaction Publishers.

CHE Y, ZHANG L, 2018. Human capital, technology adoption and firm performance: impacts of China's higher education expansion in the late 1990s [J]. Economic journal, 128 (614).

CHEN C W, PANTZALIS C, PARK J C, 2013. Press coverage and stock price deviation from fundamental value [J]. Journal of financial research, 36 (2): 175-214.

CHEN, XIAOGUANG S, 2017. The effect of a fiscal squeeze on tax enforcement: evidence from a natural experiment in China [J]. Journal of public economics (147): 62-76.

CHIRENJE L I, GILIBA R A, MUSAMBA E B, 2013. Local communities' participation in decision – making processes through planning and budgeting in African countries [J]. Chinese journal of population resources and environment, 11 (1): 10-16.

CHOW C K W, SONG F M, WONG K P, 2010. Investment and the soft budget constraint in China [J]. International review of economics & finance, 19 (2): 219-227.

CHOW D, BRACCI E, 2020. Neoliberalism, accounting, and the transformation of subjectivities in social work: a study on the implementation of personal budgets [J]. Financial accountability & management, 36 (2): 151-170.

COUTURE J, IMBEAU L M, 2009. Do governments manipulate their revenue forecasts? Budget speech and budget outcomes in the Canadian provinces [M] //Do they walk like they talk?. Springer, New York, NY: 155-166.

DOUGHERTY K L, 2003. Public goods theory from eighteenth century political philosophy to twentieth century economics [J]. Public Choice, 117 (3): 239-253.

DOWNS A, 1957. An economic theory of political action in a democracy [J]. Journal of political economy, 65 (2): 135-150.

DUNLEAVY P, 2014. Democracy, bureaucracy and public choice: economic approaches in political science [M]. Routledge.

DYCK A, VOLCHKOVA N, ZINGALES L, 2008. The corporate governance role of the media: Evidence from Russia [J]. The journal of finance, 63 (3): 1093-1135.

DYCK A, ZINGALES L, 2004. Private benefits of control: an international comparison [J]. The journal of finance, 59 (2): 537-600.

FORRESTER J P, 1991. Budgetary constraints and municipal revenue forecasting [J]. Policy sciences, 24 (4): 333-356.

GENTRY W M, 1989. Do state revenue forecasters utilize available information? [J]. National tax journal, 42 (4): 429-439.

GONZALEZ R A, MEHAY S L, 1985. Bureaucracy and the divisibility of local public output [J]. Public choice, 45 (1): 89-101.

HENDRICK R, 2006. The role of slack in local government finances [J]. Public budgeting & finance, 26 (1): 14-46.

HOAD-REDDICK G, 2004. How relevant is counselling in relation to dentistry? [J]. British dental journal, 197 (1): 9-14.

JONUNG L, LARCH M, 2006. Improving fiscal policy in the EU: the case for independent forecasts [J]. Economic policy, 21 (47): 492-534.

JUNITA A, ERLINA, ABUBAKAR E, et al., 2018. The effect of budget variances on the local government budget changes with legislature size as moderator [J]. Academic journal of economic studies, 4 (1): 162-173.

KASPER W, STREIT M E, BOETTKE P J, 2012. Institutional economics: property, competition, policies [M]. Cheltenham: Edward Elgar Publishing.

KAUDER B, POTRAFKE N, SCHINKE C, 2017. Manipulating fiscal forecasts: evidence from the German states [J]. Finanzachiv, 73 (2): 213-236.

KEANE J, 2009. The life and death of democracy [M]. London: Simon and Schuster.

KEENE M, THOMSON P, 2007. An analysis of tax revenue forecast errors [R]. New Zealand Treasury.

KYOBE A J, DANNINGER S, 2005. Revenue forecasting-how is it done? results from a survey of low-income countries [D]. Imf working papers.

LARKEY P D, SMITH R A, 1989. Bias in the formulation of local government budget problems [J]. Policy sciences, 22 (2): 123-166.

LEE T M, PLUMMER E, 2007. Budget adjustments in response to spending variances: evidence of ratcheting of local government expenditures [J]. Journal of management accounting research, 19 (1): 137-167.

LEONE A J, ROCK S, 2002. Empirical tests of budget ratcheting and its effect on managers' discretionary accrual choices [J]. Journal of accounting and economics, 33 (1): 43-67.

LLEDÓ V, POPLAWSKI-RIBEIRO M, 2013. Fiscal policy implementation in sub-Saharan Africa [J]. World development (46): 79-91.

LV B, LIU Y, LI Y, 2020. Fiscal incentives, competition, and investment in China [J]. China economic review (59): 101371.

MARLOWE J, 2009. Budget variance, slack resources, and municipal expenditures [J]. Slack resources, and municipal expenditures, 11 (13).

MARTÍN A, ALEJANDROI, 2022. Current expenditure upswings in good times and public investment downswings in bad times? New evidence from developing countries [J]. Journal of comparative economics, 50 (1).

MIGUÉ J L, BELANGER G, NISKANEN W A, et al, 1974. Toward a general theory of managerial discretion with comment and reply [J]. Public choice 17 (1): 27-51.

MILLER G J, MOE T M, 1983. Bureaucrats, legislators, and the size of government [J]. American political science review, 77 (2): 297-322.

MILLER G S, 2006. The press as a watchdog for accounting fraud [J]. Journal of accounting research, 44 (5): 1001-1033.

MOE T M, 1984. The new economics of organization [J]. American journal of political science: 739-777.

NISKANEN JR, 2017. Bureaucracy and representative government [M]. Oxford: Taylor and Francis.

NISKANEN W A, 1975. Bureaucrats and politicians [J]. The journal of law and economics, 18 (3): 617-643.

NISKANEN W A, 1991. A reflection on "bureaucracy and representative government" [J]. The budget maximizing bureaucrats: appraisal and evidence.

OHLSSON H, VREDIN A, 1996. Political cycles and cyclical policies [J]. The scandinavian journal of economics: 203-218.

PALEOLOGOU S, 2005. Political manoeuvrings as sources of measurement errors in forecasts [J]. Journal of forecasting, 24 (5): 311-324.

PERUZZOTTI E, 2012. Broadening the notion of democratic accountability: participatory innovation in Latin America [J]. Polity, 44 (4): 625-642.

RODGERS R, JOYCE P, 1996. The effect of underforecasting on the accuracy of revenue forecasts by state governments [J]. Public administration review, 56（01）: 48-56.

ROMER T, ROSENTHAL H, 1979. Bureaucrats versus voters: on the political economy of resource allocation by direct democracy [J]. The quarterly journal of economics, 93（4）: 563-587.

ROSE S, SMITH D L, 2012. Budget slack, institutions, and transparency [J]. Public administration review, 72（2）: 187-195.

ROSS S A, 1973. The economic theory of agency: the principal's problem [J]. The American economic review, 63（2）: 134-139.

SALITERER I, SICILIA M , STECCOLINI I, 2018. Public budgets and budgeting in europe: state of the art and future challenges [J]. DOI: 10.1057/978-1-137-55269-3_7.

SCHICK A, 1998. A contemporary approach to public expenditure management [J]. World bank institute, 68（1）: 2-11.

SCHICK A, 1990. The capacity to budget [M]. Washington: Urban Institute Press.

SHIELDS M D, YOUNG S M, 1993. Antecedents and consequences of participative budgeting: evidence on the effects of asymmetrical information [J]. Journal of management accounting research, 5（1）: 265-280.

SHON J, PORUMBESCU G A, CHRISTENSEN R K, 2020. Can budget ambiguity crowd out intrinsic motivation? Longitudinal evidence from federal executive departments [J]. Public administration, 98（1）: 194-209.

SMITH D L, 2007. Rules, participants, and executive politics in state tax revenue forecasting [J]. Journal of public budgeting, accounting & financial management.

SOROKA S N, 2006. Good news and bad news: asymmetric responses to economic information [J]. The journal of politics, 68（2）: 372-385.

SPENCE M, 1974. Competitive and optimal responses to signals: an analysis of efficiency and distribution [J]. Journal of economic theory, 7（3）: 296-332.

STRØM K, 2000. Delegation and accountability in parliamentary democracies [J]. European journal of political research, 37（3）: 261-290.

TETLOCK P C, 2007. Giving content to investor sentiment: the role of media in the stock market ［J］. The journal of finance, 62 （3）: 1139-1168.

WILDAVSKY A B, 2001. Budgeting and governing ［M］. Transaction Publishers.

WILLOUGHBY W F, 1972. The movement for budgetary reform in the states ［M］. New York: D. Appleton.